JN233925

MINERVA教職講座 8

個性をひらく特別活動

相原次男・新富康央 編著

ミネルヴァ書房

MINERVA教職講座

刊行のことば

　新世紀を迎え、いまやわれわれは、かつてない急激な社会の変化に直面している。それに伴って、教育の世界も、変化のまっただ中にある。たとえば、これからのコンピュータ教育のあり方、英語教育の早期実施の是非、「介護等体験」実習による福祉教育の充実、子育て支援活動、本当の生き甲斐追求の教育のあり方などのように。

　また、教育の現場では、いじめ、不登校、学級崩壊などの未曾有の問題をも抱えている。学校は社会からのさまざまな要求を受け、自らの望ましいあり方に多少の自信をなくしている観もないではない。学校教育は、期待と不安の交錯する中で、これからのあり方や学校像を模索している。

　現代の学校は、依然として人間形成の重要な拠点であり続けなければならない。

　また現代の学校は、これからの時代を生きる若者に対して、熱いメッセージを送る使命をもっている。学校のこれからのあり方を含めた教育の諸問題について、中央教育審議会、教育課程審議会、教育職員養成審議会は、抜本的な問題の解決を目指して、新しい「答申」を提出した。そしてまもなく、「総合的な学習の時間」が導入され、「自ら学び考える力の育成」を目標に据えながら、各教科とも、新学習指導要領に基づいて、教育課程が始まろうとしている。

　このような流れの中で、あらためて、人間理解、人間形成、教員養成の質が問われ、学校教育・生涯教育機関の果たすべき責務が、重大かつ広範になってきていることは否めない事実である。

　「MINERVA教職講座」は、近年の社会状況の変化やそれに関連して変動する教育の現場の動向、さらには新しい教育研究の成果をふまえて、全17巻をもうけた。本教職講座は、巻末に掲載している教育関係法規・資料などを含めて、現代の教育と教育学を全体的な観点から網羅し、その理解を助けるとともに、新世紀の教育と教職のあるべき姿を提示するものである。

　本講座は、時代のニーズに応えるために、理論と実践との合一を求めることを基本理念とし、読みやすくわかりやすい、さらに教員採用試験などにも有用であることを執筆方針としている。したがって、われわれは、本講座が教職志望者はもとより、現場の先生方や教育関係者の資質向上の一助になることを期待している。

監修・山﨑英則
片上宗二

まえがき

　周知のとおり，学校教育の目的は人間形成にある。学校における人間形成の営みは具体的には，各教科，道徳，特別活動などを通して，一人ひとりの子どもが集団や社会の一員として生きていくために不可欠な知識，技術，態度，行動の仕方，価値・規範などを身につけさせるところにある。

　この人間形成の営みに，教育課程としての特別活動は如何に関わるのか。また，教育改革の進行や学習指導要領の改訂という新しい教育の流れのなかで，特別活動は如何なる役割を演じ，如何なる展開が期待されているのか。本書のねらいは，このような課題に具体的に応えるところにある。

　ところで，特別活動は，集団活動を内容とし，その方法でもある点に特徴がある。いうまでもなく，学校における教育活動は教科をはじめ，すべて集団で展開されている。この意味で集団活動は特別活動の専売特許とはいえない。しかし，それでも，特別活動が集団活動にとりわけ価値を置くのは，集団的な体験活動それ自体が子どもの社会性や連帯性の育成はもとより，創造性や個性など，人格の重要な構成要素の育成に，他教育領域以上に深く関わるという確信があるからに他ならない。

　とはいえ，特別活動の実践場面では，集団活動を集団主義的な統制や規律訓練の手段と見なしたり，仲間づくりを強要したりして，子ども一人ひとりの思いや個性的表現を軽視・蔑視する傾向がまだ多く見られる。社会性や集団性の育成は同時に，個性形成と不可分の関係にある。また，子どもの個性は多分に未分化であり，子ども自身にも気づかない場合も多い。教育実践においては，とかくこの視点が失念されている。それが，書名を『個性をひらく特別活動』とした理由である。

　さて，本書は，3部14章から構成されている。第1部（1章〜4章）は基礎理論編で，特別活動の今日的意義をはじめ，特別活動の内容及び方法の理論，そして特別活動の教師論から成る。具体的には，「為すことによって学ぶ」特

別活動の学習理論の特徴やその意義，集団・組織の理論，そしてそこから出てくる教師のリーダーシップ論などである。特別活動の成否は，教師が教科とは異なる特別活動ならではの視点や技術をどの程度獲得できているかに大きく依存する。ここでは，基礎理論との関わりでこれらの問題にも言及している。

　第2部（5章〜9章）は，実践編（内容の展開）である。まず，教育課程としての特別活動を「もう一つの教育」として位置づけ，特に教科と異なる実践理論が整理されている。続いて，特別活動の歴史的変遷，さらに学習指導要領に明記された特別活動の内容，学級活動（小・中学校），児童会・生徒会活動，そして学校行事について，それぞれ独立した章を設けている。各内容の執筆については，現役の実践家（学習指導要領指導書作成協力委員）及び教育実践を熟知した理論家に依頼することにした。特別活動の生命線である実践が空理・空論にならないための配慮である。各内容は，いずれも，展開に際しての具体的な視点・手だて，指導上の留意点等が，実践例を踏まえ論述されている。

　第3部（10章〜14章）は，特別活動と他の教育活動との関連に焦点を当てている。教育改革の進行のなかで，学校教育のあり方や教育の力点も大きく変化し，教育課程間の，また他教育活動間の連携が不可欠となってきた。この変化を視野に収めた特別活動を如何に展開していくか。第3部では，道徳と特別活動との関係をはじめ，新たに制度化された総合的な活動の時間との関係，進路指導と特別活動の関係，さらに学校の特色づくりと特別活動の関係などを取り上げている。ここでは，相互連携や相互乗り入れを通して，特別活動のねらいがさらに生かされ，成果を高める視点や方策も述べられている。

　以上は，本書の構成であるとともに，本書の特色をも示している。大学の教職課程の教科書として，また小・中・高における特別活動の担当者及び学級担任の指導書として，本書を活用いただければ幸甚である。

　最後に，本書の構成段階で貴重な助言をいただき，また編集の遅れにも辛抱強く待っていただいた，編集部の浅井久仁人氏に心よりお礼を申し上げたい。

　　2001年春

相原次男
新富康央

個性をひらく特別活動

目　次

まえがき

第1部　個性をひらく特別活動の基礎理論

第1章　特別活動の今日的意義 …………………………… 2
　1　特別活動とは何か ………………………………… 2
　2　特別活動の教育的意義を具現化させる実践的視点 ……… 6
　3　現代的課題への挑戦 ……………………………… 11
　　　──特別活動の再構築を求めて

第2章　目的論 …………………………………………… 17
　1　自己実現という目的 ……………………………… 17
　2　目的としての集団像 ……………………………… 19
　3　目的としてのリーダーシップ像 …………………… 24

第3章　内容と方法の理論 ……………………………… 30
　1　特別活動の内容 …………………………………… 30
　2　特別活動の方法にみられる集団活動の特質 ……… 33
　3　望ましい集団活動を進めるための方法論 ………… 36

第4章　教師論 …………………………………………… 44
　　　──特別活動の「指導者特性」
　1　2つの「指導者特性」 …………………………… 44
　2　「指導者特性」から見た2つの教育領域 ………… 46
　3　事例に見る「調整者」 …………………………… 49
　4　教師の「指導者特性」の拡張 …………………… 53

目　次

第2部　個性をひらく特別活動の内容と展開

第5章　教育課程としての特別活動……………………………58

1. 今，問われる「もう一つの教育」………………………………58
2. 教育課程における3つの基礎・基本……………………………60
3. 新教育課程における4つの構成原理……………………………64

第6章　特別活動の歴史的変遷…………………………………72

1. 「課外活動」の時代………………………………………………72
2. 戦前期日本の課外活動……………………………………………75
3. 「課外活動」から「特別活動」へ………………………………77
   ——戦後日本の「特別活動」

第7章　学級活動…………………………………………………85

1. 学級活動の特質……………………………………………………85
2. 活動内容(1)：話合いの活動………………………………………88
3. 活動内容(1)：係の活動，集会の活動……………………………93
4. 活動内容(2)の特質と指導方法……………………………………95

第8章　児童会・生徒会活動，クラブ活動……………………97

1. 児童会・生徒会活動の特質および内容…………………………97
2. 児童会・生徒会活動の実際………………………………………101
3. クラブ活動の特質および内容……………………………………104
4. クラブ活動の実際…………………………………………………107

第9章　学校行事…………………………………………………111

1. 個性をひらく学校行事……………………………………………111
2. 各行事における展開の工夫………………………………………112

3　学校行事実施上の配慮事項 …………………………………… 122

```
┌─────────────────────────────────────────────────────┐
│     第3部　個性をひらく特別活動と他教育活動との関係      │
└─────────────────────────────────────────────────────┘
```

第10章　特別活動と道徳教育 ……………………………………… 126
　　　1　特別活動における道徳教育 …………………………………… 126
　　　2　特別活動の内容と道徳教育 …………………………………… 129
　　　3　特別活動と道徳の時間との関連 ……………………………… 133
第11章　特別活動と総合的学習 …………………………………… 140
　　　1　特別活動，総合的学習の両者の教育課程上の特質の理解 … 140
　　　2　「関係づけ」の意義・教育効果 ……………………………… 143
　　　3　「関連づけ」の考え方・進め方 ……………………………… 146
第12章　特別活動と進路指導（生徒指導） ……………………… 154
　　　1　進路指導・生徒指導の基盤としての特別活動 ……………… 154
　　　2　進路指導・生活指導の歴史的変遷 …………………………… 157
　　　3　今日における進路指導（生徒指導） ………………………… 162
　　　　　──ガイダンス機能再充実期
第13章　特色ある学校づくりと特別活動 ………………………… 166
　　　1　求められる特色ある学校づくり ……………………………… 166
　　　2　特別活動と特色ある学校づくりの関わり …………………… 168
　　　3　学校と地域の連携による特色ある学校づくり ……………… 171
　　　4　今後の特色ある学校づくりに向けて ………………………… 176
　　　　　──学校経営の課題
第14章　特別活動と学級経営 ……………………………………… 179
　　　1　学級経営の特質 ………………………………………………… 179

2　学級経営と学級づくり………………………………………183
　　　3　学級づくりに生かす特別活動………………………………187

資　料　編　小学校学習指導要領（第4章　特別活動）
　　　　　　中学校学習指導要領（第4章　特別活動）
　　　　　　高等学校学習指導要領（第4章　特別活動）

索　　引

第1部
個性をひらく特別活動の基礎理論

第1章　特別活動の今日的意義

　特別活動は，個性の伸張や社会性の形成と深く関わるとともに，今日の教育病理克服の重要な切り札の一つでもある。しかし現実には，特別活動のもつ教育的意義が十分に発揮されていない。どこに問題があるのか。また急激な社会変化のなかで，特別活動の展開に際して視野に収めておくべき課題も生まれてきている。本章ではこれらの課題を，1．特別活動とは何か，2．特別活動の教育的意義を具現化させる実践的視点，3．現代的課題への挑戦──特別活動の再構築を求めて，の3つの観点から検討する。

1　特別活動とは何か

1　教育改革の流れと特別活動

　大学の授業（特別活動論）で，小・中・高の学校生活を通して一番思い出に残る場面や活動，出来事は何か，と問うと，ほとんどの学生は体育祭や委員会活動，合唱コンクールなどの特別活動の思い出を語る。教科の思い出をあげる者はまずいない。特別活動の魅力はどこにあるのか。子どもたちが主体的に創意・工夫しながらやり遂げることができた活動，時間をかけ五感や全身を使い，仲間同士で汗を流すことのできた活動，学業成績と関わらない何よりも自由で楽しい活動，これらが心に残り，思い出として出てくるのであろう。

　しかし，特別活動の思い出が心に残っていることによって，日常的に特別活動が重視されてきたと判断することはできない。中・高校段階になれば，学校（教師）は，受験中心の学校生活を子どもに強い，多くの子どもたちも，好き嫌いはともかく，受験に必要な教科の学習に心を奪われる。このような状況のなかで，特別活動がその目標達成へ向け十全に機能するとは思えない。

　周知のとおり，最近における子どもをめぐる問題状況には目を覆うものがあ

る。非行の凶悪化と低年齢化，受験競争の過熱化，いじめ，不登校，高校中退者の増加，規範意識の低下，社会的体験不足からくる耐性の欠如など，枚挙にいとまがない。これらの原因を学校教育体制，とりわけ受験準備教育，偏差値教育だけに求めることはできないが，学校はその責任から免れないであろう。

　国もこのような状況に目をつぶってきたわけではない。最近における教育改革の動きがそれを証明している。その基本的方向は，これまでの画一，硬直，閉鎖の教育システムを個性（多様性），柔軟，開放のシステムに大転換しようとするものである。この動きに拍車をかけているのが，いわゆる教育の規制緩和である。

　次々に打ち出される国の教育改革は，学校教育のあり方の見直しを迫るだけに，学校現場を混乱させる要因にもなっている。しかし，教育改革の中味は偏差値教育，進学準備教育からの脱皮を志向し，子どもの心の荒廃や勉学意欲の低下を含む教育病理の克服を目指しており，首肯すべき方向でもある。

　最近における教育改革の進行が，旧来の日本の教育を特徴づけてきたキー・コンセプトにも大きな変化をもたらしてきた点に注目したい。たとえば，画一から個性へ，暗記から思考へ，知識から体験へ，受動から創造へ，他律から自律へ，競争から協同へ，分化から総合へ，そして指導から支援へ，という変化（力点移行）である。このようなコンセプトの変化は，今後，学校教育全体のあり方を大きく規定してくることになる。ところで，理念的には，これらのコンセプトは特別活動がこれまでとりわけ重視してきたものであり，とくに新しいものではない。時代の要請とはいえ，特別活動が大切にしてきたコンセプトと，それを具体化する方法原理が，学校教育再生の切り札の一つとして再認識されてきたことを意味している。

　とはいえ，この度の学習指導要領は学校完全週五日制を想定した改定であり，特別活動はそのあり方や計画・展開において新しい視角や工夫が要求されてくる。とくに，教育課程の弾力的運用にともない，教育課程間の垣根が低くなった。各教科，道徳，また新しく制度化された総合的な学習の時間と，いかなる時間的，方法的連関を取っていくか，またいかなる内容的連携，融合を図っていくか。今日，教育改革の流れをも視野に入れた，特別活動の再構築が求めら

れている。

2 特別活動の特質

　特別活動は教育課程の重要な一角を占めるが，その特質とは何か。特別活動の目標や内容との関連から明らかにしてみたい。

　1999年に新学習指導要領（2002年全面移行）が公表され，「特別活動」については，2000年度から新学習指導要領によるものとされている。新学習指導要領によると，特別活動の目標は小学校では，現行のそれとまったく変更はない。中学校と高等学校の特別活動の目標はほとんど内容的に重複しているが，一カ所（中・高校とも変更内容は同じ）を除くと，現行のそれと文言上の変更は見られない。目標それ自体が普遍的価値をもつからに他ならない。特別活動の目標を中学校指導書で見ると，「望ましい集団活動を通して，心身の調和のとれた発達と個性の伸張を図り，集団や社会の一員としてよりよい生活を築こうとする自主的，実践的な態度を育てるとともに，人間としての（在り方―高校のみ）生き方についての自覚を深め，自己を生かす能力を養う。」とある。現行では「集団の一員」であるが，新学習指導要領では「集団や社会の一員」となり，「社会」という言葉が付加された。集団の一員という場合，学校や学級の一員として狭くとらえられがちであり，広く地域社会の一員，職業社会の一員，また国際社会の一員としての自覚が欠けがちであったことに由来する。

　では，特別活動の内容はどうか。小学校では学級活動，児童会活動，学校行事，クラブ活動から成り，中・高校では学級活動（ホームルーム―高校），生徒会活動，学校行事の3つから構成される。この度の改訂で中学校のクラブ活動が廃止された。この点に大きな変更がある。しかし，学校段階を問わず，いずれの内容も集団的活動によって子ども自身が実践的に展開する教育活動であることは変わらない。

　この特別活動の目標や内容は，教科や道徳などと比べ，一般的にいかなる点に特質が見られるのか。大きく次の4つに要約できる。

　一つは，実践的な集団活動を通してねらいを達成しようとすることにある。特別活動の内容，たとえば学級活動は，学級を単位に展開されるが，児童会や

生徒会は学級や学年を離れて遂行される集団活動であり，学校行事となるとそのほとんどは全校単位で展開される。視点を変えていえば，学級単位の活動を基点としながらも，異年齢集団による活動が主流になる。児童会・生徒会活動などの自主的，自治的活動を通して，また運動会や文化祭などの集団的な創造活動を通して，年少の子どもは年長の子どもの行動力やアイディアや責任感などに学び，逆に年長の子どもは年少の子どものモデルとなるような人格特性や能力を身につけておくことが期待される。

　二つは，個々の子どもの自己実現をめざす活動であるところにある。特別活動は，教科で獲得された知識・技術や考え方などを活用しながら，活動それ自体が子どもに満足感や自己実現感を与えるところに主要なねらいの一つがある。多くの子どもは学校の授業で，失敗体験，屈辱体験，挫折体験をいやというほど味わっている。子どもが自己成長するには確かにこれらの体験も必要であるが，マイナス体験に負けないくらいの成功体験，充実体験，自己実現体験が不可欠となる。この種の体験をどこで保障するか。理想をいえば教科学習の過程でどの子にも何らかのプラス体験が保障されるべきであるが，そこには限界がある。この点からも特別活動の果たす役割はきわめて大きい。

　三つは，心身の調和のとれた発達を目指す総合的な活動であるところにある。特別活動は，心身の健康や安全，豊かな情操や意志，望ましい人間関係や自主的，実践的な態度，能力など，全体としての人間の調和的発達を目指している。この意味で，特別活動は総合的活動といってよい。ここでいう総合性とは，知的・技術的，身体的，また道徳的な力を総合的に働かせる活動であるとともに，個々の子どもの個性や特技を集団活動を通して総合する活動でもある。

　四つは，教師の創意・工夫が大いに発揮できる活動であるところにある。特別活動には教科書もないし，教科のように明確な到達目標や方法に関する細かい取り決めも存在しない。それだけに自由裁量の部分が多く，教師の腕の見せどころとなる。展開の工夫によって，一人ひとりの子どもの多様な欲求に応え，個性をひらき育てる実践を可能にするであろう。

　以上が特別活動の一般的特質である。しかし，期待される意義や価値とは裏腹に，多くの教師は，特別活動を教科の陰の部分として，また学校教育の補足

としてとらえてきた嫌いがある。このことも大きく作用し，特別活動の展開に際しての実践的能力や方法的技術があまり蓄積されてこなかった。特別活動の展開には今後，教師自身の生き方や個性の発揮が強く求められ，教科指導以上に総合力としての教師の力量が試されることになる。教師は，実践的能力や技術の向上とともに，この点の認識を共有しておく必要があろう。

② 特別活動の教育的意義を具現化させる実践的視点

　教育課程における特別活動の存在理由は，先に見た特別活動の目標や特別活動の特質から明らかである。特別活動の目標や特質は視点を変えていえば，教育的意義でもある。片岡徳雄は，特別活動の教育的意義を，次の5つに整理している。

①　個性・自主性の発達
②　集団生活・社会性の発達
③　個人的・社会的諸問題の解決
④　遊び・表現活動の発達
⑤　人間生活の感動体験

　上述の①～⑤は一定の構造を成している。①，②が首尾よく達成されれば，③，④の発達がますます促進される。逆に，③，④がうまく展開されれば，①，②の発達が加速化される。そして①～④の意義が達成される度合いが高ければ高いほど，⑤の感動体験の質が高まる。もちろん，これらの教育的意義は，各授業や道徳，また新たに設置された総合的学習の時間でも，それなりに達成が可能であり，けっして特別活動固有のものとはいえない。しかし，他の教育領域に比べ特別活動に色濃くその意義が表れることは誰も否定しないであろう。

　特別活動と教科，道徳，また総合的学習との関連性は，それぞれの章で詳しく検討される。ここでは，特別活動の教育的意義を具現化する方法的視点について見ておきたい。

1　個性をひらき，連帯感を育てる

　特別活動といえばすぐに，運動会や集会活動や野外活動が頭に浮かぶ。それは，これらの活動を含む集団活動が，個性や社会性，また連帯性を培う沃野であるという認識に由来する。とはいえ，集団活動の実践が即，個性や社会性，連帯性の育成に結びつくものでもない。集団活動は特別活動の内容であるとともに，特別活動の方法原理でもある。集団や集団活動の捉え方，指導の仕方によっては子どもの発達の方向も質も大きく異なってくる。個性や社会性，連帯性が現れ育つには，追求する集団目標の意義が個々の子どもに共有・理解され，活動に際して一人ひとりが差別されず，生かされているときに限る。

　わが国の特別活動，とりわけ学校行事は伝統的に，訓練主義と規律主義が横行し，外面的な統一と一致，つまり「そろえ」の教育に力点が置かれてきた。

　運動会の行進がそのよい例である。教師の厳しい指導がある場合，行進の歩調は整い，無表情ではあるが統一性が見られ，一種の美を創り出す。一方，教師の厳しい指導がない場合，歩調は一人ひとり異なる。しかし，彼らは思い思いの願いと個性的な表情で目標を見据えている。ここには統一や一致はないが，多様性の中に調和が見られる。これも美であり，心を揺さぶる。連帯（感）の一つの理念型である。われわれ教師は，訓練の成果が生み出す統一美を称賛する視点に加え，ふぞろいのなかの調和（連帯）に美を見いだし，それを価値とする評価観を獲得しなければならない。

　われわれは通常，個の形成と集団の形成，また個性の形成と社会性の形成とは矛盾したものとして理解している。個と集団は「相即不離」の関係にあり，個を生かすには個をことさら大切にする集団が必要である。個を大切にする集団のなかで初めて，個性も社会性も育ってくる。個性は社会性とともにあるといってよい。

　個性と社会性はこのような関係にあるにもかかわらず，具体的な特別活動の展開に際しては多くの場合，集団や社会性の形成のみが全面にでて，一人ひとりの子どもの思いや願い（個性の表現）が大切にされてこなかった。このため身体はしかたなく動くが，心が動かない集団活動となり，結果的に，集団目標達成を目指した，個性的人間同士の信頼関係に基づく結びつき，連帯（感）を

生み出す活動となりえなかった。個性重視の教育が強調される今日，いかに個性をひらき，連帯感を培うか，この視点に立脚した特別活動の工夫と展開に期待したい。

2 遊び・表現による子ども文化への着目

　これまでの特別活動はどちらかというと，解放や創造を中心とした，いわゆる子どもの内からの充実をめざす特別活動を軽視・無視する傾向が強かった。最近，この傾向は薄まりつつある。しかしまだ，教師の伝統的な学校観，教育観が一つの阻害要因となっている。

　一般的に教師は，子どもが関わり，追求する活動内容に明確な価値の序列を置いている。楽しいことよりも苦しいこと，易しいものよりも難しいもの，軽いものよりも重々しいもの，低級なものよりも高級なものを重視する。また評価にしても，努力の過程を重視するとともに，目に見える成果（見栄え，出来映え）を期待する。特別活動はもちろん，遊びではない。しかし，遊びの本質である楽しさと自由さ，これを軽視・無視した特別活動は，子どもの内からの成長・発達を促進する血肉とはなりにくいであろう。今日，子どもが喜ぶこと，面白がることは価値がないとする教育観からの脱却が求められている。

　遊び，楽しみの価値を追求するため，たとえば，学級のなかの係活動の一つとしてレクリエーション係を設置する。この係の主要な役割は，楽しみを通してクラスのメンバーを相互に結ぶ種々の活動（悪ふざけ，不真面目，差別表現などは厳しく統制）を工夫し，準備し，遂行する（朝の会，終わりの会，学級会活動などを利用）ことにある。彼らはいわば，楽しみの演出者である。得手・不得手もあるが，真の楽しみの価値の共有とその内面化（楽しみの道徳性の涵養）の上からも，この種の係をできるだけ多くの子どもに体験させたい。

　特別活動は，子ども主体の活動である。主体的に活動できることは本来，楽しいことである。楽しさは，不真面目，面白半分とは本質的に異なる。体験が教えるように楽しさを持続させ，倍加させるには，努力と創意・工夫，仲間との協同などが不可欠である。

　遊びと表現を基礎に，子どもの内からの充実を生み出す集団活動とはいかな

るものか，またそれを保障する基本的視点とは何か。片岡徳雄の考えを再度借用すれば，次の通りである。

① 子どもがやりたいことがやれる解放性
② 子ども自らが工夫する創造性
③ 子ども自らが計画してゆく責任性
④ 子ども個々人が示す個性や特技性
⑤ 子ども個々人の間の協同性
⑥ 子どもの集団を一つにする調和，統合性
⑦ 子ども自らが自己を見つめ，深める内面性
⑧ 子どもと集団がそれに没頭する集中性

体育祭や文化祭などの祭的行事を除き，①〜⑧の全ての項目を充足するような活動はそんなに多くない。しかし，問題は活動の種類ではなく，子どもが関心をもって持続的に関われる活動の広がりと深さである。日常的な特別活動にあっても，複数の項目が満たされるような集団活動を心がけたい。

3　問題解決への志向

日常生活は問題解決の連続である。子どもの学校生活にあっても例外ではない。校種を問わず，どの学級にも問題は存在するし，問題は生起してくる。学級からゴミをださないためにどうすればよいのか，いじめをどう克服するか，男女間の対立をどう解決していくか，体育祭での学級としての出し物や文化祭における合唱コンクールの自由曲を何にするか，また児童会・生徒会のマンネリ化の問題や部活の問題の対処など，学級や学校が知恵を出し合い解決が求められる問題，課題は枚挙にいとまがない。しかし，これらの諸問題を解決する方法，術を子どもは知らない。この背景には，子どもの仲間体験，遊び体験の決定的欠如がある。

『新教育学大辞典』（第一法規出版，1990年）によれば，問題解決学習とは「学習者がすすんで学習問題をとらえ，解決志向の学習活動をしながら，これを追求し解明していく学習方法である」。問題解決学習は，題材を教師が与え，子どもが理解するという学習方法ではなく，子どもの問題把握と解決へ向けての

思考を中心に据えた学習方法である。このため、子どもの自発性と活動性がとりわけ重視される。

問題解決学習はデューイの「反省的思考」に基づく学習方法であるが、その思考（問題解決）を可能にするのがいわゆる「為すことによって学ぶ」学習原理である。問題解決の質を規定するのはいうまでもなく、子どもの経験や体験（その蓄積としての知識・技術）の量と質である。

特別活動の重要な課題の一つは、問題解決の方法の取得である。問題解決学習は元来、自然科学の方法でもあるが、デューイのいう問題解決（反省的思考）の手順を分かりやすく示せば、次のようになる。[3]

①問題を発見する——子どもたちが、自分の身の回りや生活や自然のなかで「おかしいな」「ほんとかな」「こまったな」と思ったことから学習が始まる。

②仮説を立てる——発見したり取り上げた問題に対し、子どもたちが「こうではないか」「ああではないか」と、いろいろ予想や仮説や計画を立てる。

③実際に検証してみる——先に立てた仮説や計画に従っていろいろ実際に「当たって」みる。たとえば、問題に関する種々の文献や統計資料を探ってみる。いろんな人に面接し、意見を聞く。質問項目を作って調査してみるなど。

④結果を考察・反省する——このようにして得られた種々の結果をもちより、比べ、まとめ、あるいは再び調べ、より確かな解決を求める。

実際的には理論どおりに展開するケースは稀であるが、以上の問題解決の手順の理解と訓練は、子どもに問題発見能力や問題解決能力を身につけさせる上で大いに参考となる。何よりもまず、教師自身が問題解決の手順を理解し、習熟しなければならないであろう。

4　感動を創造する

特別活動は先に見たように、個性や社会性の形成、問題解決能力や遊び・表現能力を高めるところに主たるねらいがあるが、その教育的意義の究極は、「感動」にある。単に感動を受動的に体験するだけでなく、感動それ自体を集団的に生み出す体験の重要性を忘れてはならない。後者の感動を可能にするには、教師の適切な指導・支援により、全員の子どもが集団活動の企画・運営に

何らかの形で参画し，子どもの手で活動を創りあげることが前提となる。全員が集団活動の作り手であると同時に，全員がその享受者であるという関係が，子ども同士の連帯感を必然的に高め，感動を創造する強力なエネルギーに転化する。

　感動体験や感動の創造という観点からいえば，野外（宿泊）教育のもつ意義を再評価する必要がある。通常，われわれは，野外活動といえばすぐに，集団的規律の訓練が頭に浮かぶ。これも大切である。また，カッター訓練に代表される自然へのチャレンジも貴重な体験である。ただこの種の活動が支配的になると（事前の準備の質にもよるが），教師は子どもの管理と監視に追われ，子どもは不満と疲労感だけを蓄積させることになる。これでは特別活動としての野外活動の価値と意義が半減してしまう。

　大自然のなかでは人間はもっと謙虚でありたい。自然の厳しさだけでなく，自然の優しさや温かさを教え，その懐に抱かれる安心を体験させたい。また自然のなかで，教師と子どもの垣根を取り払い，一人の人間としてともに働き，ともに活動し，心を開いて苦しみや喜びをともに語り合う。そして，心と身体をともにリフレッシュする。このような信頼に満ちた共通体験に子どもは感動する。

　この種の感動に加え，子ども自身が自然のなかで共同して創り出す感動を重視したい。たとえば，キャンプファイヤーは，これを生み出す格好のイベントである。お仕着せのイベントに終わらせないためには，子どもたちによる事前の入念な準備・企画力がものをいう。キャンプファイヤーは野外で，しかも夜間に行われる。単なる歌や踊りだけでなく，厳粛さと儀式性が加わると，つまり動と静のコントラストが演出できると，感動はいっそう高まり，生涯忘れえぬ体験となるであろう。

③ 現代的課題への挑戦——特別活動の再構築を求めて

1　学校完全週五日制への対応

　周知のように，2002年度から学校完全週五日制がスタートする。新学習指導

要領はこの点を強く意識し，教科の時間の大幅な削減，選択幅の拡大とともに，総合的学習の時間を創設した。生きる力の育成を目標にカリキュラム構造の大変革を図り，学校中心の教育から脱皮し，地域に開かれた学校，さらに地域教育学校への転換をもめざしている。このことは，子どもの活動の舞台が学校だけでなく，地域に広がることを意味している。

　このような新しい教育のありように特別活動はどのように対応するか。教科学習時間の削減は現実的には，特別活動，とくに学校行事の整理・縮小を招く危険性を内包させている。いうまでもなく，学校五日制の下では，特別活動の内容の精選や時間の節約は不可欠である。しかし，これにより，特別活動の価値が減じられたり，ねらいの達成がおろそかになれば意味がない。そのためにも，特別活動の再構築が要請されている。

　まず，教育課程の相互乗り入れ，相互連関の強化が問題となる。教育課程の弾力化，具体的には，授業の一単位時間や授業時間数の運用の弾力化が認められ，特別活動の内容の精選とともに，他の教育領域との抱き合わせによる特別活動の展開が比較的自由になった。たとえば，修学旅行や体育祭，文化祭などを総合的学習とドッキングさせ成果をあげている学校も少なからず存在する。しかし，ここで注意したいのは，特別活動の総合的学習化への安易な傾斜である。両者の指導のねらいや内容，また指導方法などかなり近似しているが，それぞれの独自性や固有性を確認し，混同は避けねばならない。両者は相互補完的，相互還流的な関係にあるという押さえが不可欠となる[4]。

　特別活動は今後ますます，その活動のフィールドを地域社会に広げ，地域社会を学校に取り込む視点が重要になる。学社連携を越えて，いまや学社融合が叫ばれている。子どもは地域で学ぶことを通して地域の出来事や地域の営みを理解するとともに，地域社会の多様な大人，人間を知る機会となり，自らを学校の成員であるとともに，社会の一員でもあるという自覚を高める重要な契機となるであろう。

　特別活動の空間的な広がりと同時に看過してはならないのが，時間である。学校完全週五日制の実施は，子どもにとって強制されない，拘束されない，いわゆる自由時間（余暇）が増えることを意味する。子どもは多くの場合，自分

の時間を親と教師（学校）によって管理されることに慣れ，自分の時間は自分で管理するという訓練を受けていない。この問題は自由時間（余暇）のための教育の範疇に入るが，欧米と比べわが国ではこの種の教育は未発達である。自由時間（余暇）のための教育は学校教育全体の課題であるが，特別活動との絡みでいえば，たとえば後述のボランティア活動や，小学校のクラブ活動，また特別活動と関連の深い中・高校の部活動などは，自由時間利用，余暇生活の充実という観点からの指導がますます重要になってくるであろう。

2　社会的課題としてのボランティア活動

　最近，教科の延長として，また総合的学習との絡みでボランティア活動が盛んに実施されるようになってきた。新学習指導要領でも特別活動の展開にボランティア活動重視の方向が打ち出されている。好ましい流れである。

　ボランティア活動とは本来，自発的に行われる社会貢献活動，平たくいえば他者への役立ち活動である。この活動が子どもの人間関係能力や社会性の育成，また優しさや思いやりなど心の教育に果たす役割の大きさは誰もが認めるところである。いうまでもなく，ボランティア活動は自分の好みにしたがって自由気ままに行う活動ではない。ボランティアの生命線は，何が自分に求められているのか，それにどう応えたらよいか，にある。そのためボランティアは，日頃から問題意識を磨く努力と関わる対象についての学習が不可欠になる。このような努力と学習を通して初めて，ボランティアの報酬，相手からの真心からの「ありがとう」という言葉を獲得することができる。役に立ったという感動と充実感は，次のボランティア活動への強力な動機づけとなるであろう。

　ところで，ボランティア活動を企画する場合，進路指導との関係を軽視してはならない。ボランティア活動は，生きた現実との関わりのなかで自分の適性を確かめ，個性の何たるかを知り，それを伸長する上での重要な契機となる。この意味からも，中・高校ではたとえば，特別養護老人ホームや幼稚園・保育所などでのボランティア体験を増やすべきである。「偏差値による個性・適性支配」からの脱却が求められる今日，進路選択を意識したボランティア活動のもつ意義にもっと注目する必要があろう。

3 男女共同参画を意識した特別活動を

これからの特別活動の展開に際して視野に収めて置くべき重要な現代的課題が，もう一つある。男女共同参画の推進とそれを可能にする視点である。男女同権，男女平等の教育は，憲法の条文を持ち出すまでもなく，法的に保障されている。学校教育は他の制度と比較して男女差別や偏見が最も少ないとされる。しかし，それでも首を傾げたくなるような慣行がまだ多く残存している。

どういうわけか，特別活動のなかにこの種の慣行が多く観察される。校種を問わず，運動会の行進はほとんどの場合，男性が先で，女性はその後に従っている。児童会・生徒会の会長職についてはどうか。最近，男女平等教育の推進が学校教育にも浸透し始めたこともあり，会長職は男性でなくてはならないという偏見が薄らぎ，女性の会長が多く輩出されるようになってきた。しかし，それでも圧倒的多数が男性の会長であることには変わりはない。

性別による役割分担や男性が最初で女性が後，男性が主で女性が従という慣行は多くの場合，意識されないし，意識している場合でも必ずしも差別感情や悪意によるものではない。しかし，これが結果的に，伝統的な性別役割を固定化し，女性差別を温存させることになっている。

学校のジェンダー問題のなかでの最大の課題は，進路指導に際しての男生徒，女生徒に対する期待差である。建前は男女の完全平等を唱えながら，本音（多くの場合意識されない）では，伝統的な性別役割分業（男は仕事，女は家庭，また男は理工系，女は文学，教育系などの基準の適用）にとらわれた指導に終始していないか。この隠れたカリキュラムの存在に，暗い将来展望しかもてず苦しんでいる女生徒が少なからず存在している。教師はまず，この点の矛盾に気づくと同時に，学校の中で真の男女平等を築く上からも，性別にこだわる見方・考え方を疑問視する，いわゆるジェンダーの視点の共有が強く求められている。

4 焦点としての学級経営の見直し

特別活動の内容・方法の見直し，教科，道徳，また総合的活動の時間との連携，さらに地域との連携のあり方の工夫など，新学習指導要領に基づく特別活

動の展開には，視野に収めて置かなくてはならない多くの課題がある。ここで重要なことは，新しい課題への挑戦や他領域との連携によって特別活動の目標を見失わないことである。特別活動は集団活動が内容であるともに，方法原理でもある。そして何よりも学級が集団活動の基礎単位である。このことを忘れてはならない。

　特別活動の成否は，学級経営（学級づくり）の質に規定されるといってよい。学級における集団活動の充実・満足体験の積み重ねを抜きにして，学年単位や全校単位の活動が首尾よく展開されることは稀である。いうまでもなく，学級での集団活動の質は教師の学級経営（づくり）能力に依存する。学級経営の本質は，授業の重要な一側面を成すと同時に，個々の成員の人権の尊重と個性の形成にある。学級（集団）のなかで一人ひとりの子どもが男性・女性という性別を越えた平等な人格として大切にされ，個々人がやりたいことがやれると同時に，集団的な課題には積極的に役割参加できる。こういう態度や能力をいかに形成していくか，またそれを可能にする信頼の風土（支持的風土）をいかに創っていくか。学級経営の焦点的課題は，ここに凝集されている。

　学級経営がうまくいくと，学年単位や全校単位の集団活動はもとより，個々の授業の質的成果にも作用を及ぼす。そしてこの成果はまた，学級の諸活動に反映されてくる。特別活動と学級経営，教科と学級経営の間にはこのような重要な相互作用がある。この意味から，特別活動の実践に際してはまず，学級経営（づくり）との関連で日常的な学級における集団活動の見直しが求められる。

引用・参考文献
(1) 片岡徳雄編『特別活動論』（教職科学講座14）福村出版，1990年，17～18頁。
(2) 片岡徳雄編著『学校子ども文化の創造』金子書房，1979年，278頁。
(3) 片岡徳雄編『特別活動論』99頁。
(4) 森嶋昭伸・鹿嶋研之助編著『新中学校教育課程講座〈特別活動〉』ぎょうせい，2000年，106～107頁。
(5) 宮川八岐『新小学校教育課程講座〈特別活動〉』ぎょうせい，1999年。
(6) 佐々木昭『特別活動の研究と実践』教育開発研究所，1993年。
(7) 髙旗正人・倉田侃司編著『特別活動』ミネルヴァ書房，1994年。

■第1部　個性をひらく特別活動の基礎理論

推薦図書
(1)　下村哲夫編『学校五日制』（シリーズ・現代の教育課題に挑む3）ぎょうせい，1996年。
(2)　新富康央他編『体験活動を生かし個を育てる』黎明書房，1999年。
(3)　片岡徳雄『個性と教育』小学館，1994年。

(相原次男)

第2章　目的論

　日本の小・中学校では，4月の始業式や入学式に始まり，少なくとも月に一度は楽しい活動や行事が，学級および学校全体で計画されている。子どもたちはこれらを楽しみに毎日勉強に取り組んでいるともいえる。もしこのような学級・学校行事がなかったならば，子どもたちはストレスがたまって，もっと学級崩壊，授業崩壊を起こすであろう。このように見ると，特別活動の目的の一つは子どもが楽しさを満喫することにあるといえる。この点を忘れた特別活動では，学級・学校を集団として維持することはできないであろう。

　以下，本論では，特別活動は本来的に楽しい活動，自己実現と深くかかわる集団活動であるという認識に立ち，そのような活動を可能にする目的としての集団像，目的としてのリーダーシップ像を集団論・組織論から明らかにする。

①　自己実現という目的

1　特別活動の役割

　学校の教育課程（curriculum）は，現在の日本では学習指導要領によって定められている。学習指導要領では各教科，道徳，特別活動の3つの領域が分けられ，さらに，「総合的な学習の時間」の授業時間数が定められている。

　各教科は，小学校の場合9教科に分化しており，いわゆる基礎・基本の教育を行う。現代の日本の社会で生きていくために必要な知識や技術，そしてその後の学習の基礎となる内容が盛り込まれている。しかし，そのような内容は子どもたちにとって即学習の楽しさにつながるとは限らない。仮に楽しくなくても，将来のためには身につけておかなければならないものである。その意味で，各教科は子どもにとっては手段的活動であるといえる。

　道徳がめざすものもまた各教科の教育と同じく，日本の社会で生きていくた

めに，身につけておかなければならない生活規範や価値観の育成である。これもまた子どもにとって学習が楽しいかどうかとは別に，社会生活の手段として教育しておかなければならない内容である。

　特別活動は各教科や道徳とはやや異なる目的をもつ領域である。各教科や道徳が将来のための手段的活動であるのに対して，特別活動は現在の生活における自己実現をめざす活動である。それには子どもたちにとって学校生活が楽しく過ごせるように，集団生活を企画することである。もちろんその活動が生み出す教育効果を期待はするが，直接の目的は子どもたちの集団生活における自己実現である。

　特別活動が教員免許状取得のために大学で必修科目となっているのは，ひとつには教育課程の一領域として位置づけられ，かつ，免許取得の条件となっているからである。しかし，それだけにとどまらず，いじめや不登校が近年急激に増大し学校生活になじまない子どもが多数現れはじめるとき，特別活動の重要性は再認識されねばならない。特別活動の目的を再度明確にし，学校教育課程のなかに適切に位置づけ活動を計画することは，最近の学校にとって急務である。

　このような文脈でみるならば，「総合的な学習の時間」は学校教育の実質陶冶的側面である。基礎・基本としての各教科が学習の転移を目的とする形式陶冶的側面であるのに対して，「総合的な学習の時間」は子どもの生活行動そのものを直接変えようとしている。

2　特別活動の目標

　学習指導要領の第4章　特別活動の「第1　目標」には次のように述べられている（小学校の場合）。

　「望ましい集団活動を通して，心身の調和のとれた発達と個性の伸長を図るとともに，集団の一員としての自覚を深め，協力してよりよい生活を築こうとする自主的，実践的な態度を育てる。」

　「望ましい集団活動」は，次の「第2　内容」に盛られた学級活動，児童会活動，クラブ活動，学校行事を通して行われる。

望ましい集団でなければ子どもたちは自己実現できない。各活動は一人ひとりの子どもが意欲的に参加できるものでなければならない。集団づくりが特別活動において重視されることになる。

2 目的としての集団像

学級や学校という集団はいかなる特質をもっているか，また，「望ましい集団活動」のために，どのようにな集団に造り上げていくかを考えてみよう。

1 学級の集団特性

学校で授業が行われる単位集団は学級である。この学級は，いうまでもなく自然発生的なものではない。子どもの教育という目的を達成するために組織された目的的集団としての組織（organization）である。したがって，学級集団は，その編成の手続きそのものが「つくる集団」としての特質をもっている。

(1) 目標・内容

授業の目標は，学習者が自分の興味，関心，問題意識によって選択できるものではない。社会の将来と学習者の未来とを見通して，教材が社会によって用意される。それを発達段階に応じて配分したのが，小・中学校の教育課程である。日本の場合，学習指導要領によって学校教育の基準が示され，これに基づいて教科書が編成される。教師は，この教科書によって各教科の授業を進めている。したがって，学習者にとって，学習目標も内容も自分の興味から選択したものではない。仲間と一緒に考え，選んだ仲間集団の遊びの目標や活動と，学級がめざす外から与えられた学習目標とは異質である。

もちろん，学習者の興味や関心や発達段階を考慮にいれて，授業は計画され実施される。しかしその目標や学習されるべき内容は，社会的に決定され，学習者による学習と教師による指導が規定されている。社会教育の領域で行われている学習集団（たとえば，公民館の趣味の学習会やスポーツクラブなど）と学校とは，同じ学習といえども一線を画している。学校での学習者は，この意味で，多くの授業時間で受動的な地位が与えられ，教授される教育内容は画一

化される。そのことは，授業の過程と学習評価をもまた画一的にしがちである。

(2) 構成員

　授業は一般には，一人の教師と複数の学習者から組織された集団で行われる。4月はじめの学級を思い浮かべると明らかなように，学級の構成員は形式的な条件によって選定され，学級として編成されている。子どもたちが，自分の学級所属の決定に何らかの意志を表明するということは一般にはできることではない。授業への参加も学級所属も，子どもたちの自発的な意志や興味によってはなされない。

　本来，学習は，学習者のもつ意志によって成立する。問題意識であれ，興味であれ，その他の外的動機づけであれ，学習することへの学習者の意志が働かなければ学習の成立は難しい。

　学校教育場面で生じる学習は，主に教師や仲間など他者とのふれあいによって成立するものである。子どもたちが自分の独力で書物から習得するというよりも，教師や仲間の模倣（imitation）や人格への同一化（identification）によって獲得する知識，観念，態度が中心である。したがって，教師は本来，子どもたちの同一化の対象でなければならない。教師のもつ知識を子どもたちが身につけるには，教師に対する愛着，尊敬の感情があり，「先生と同じようになりたい」という同一化の欲求が生まれることによってである。とくに「態度の形成」は，他者との同一化への欲求が学習成立の子どもたちの側の重要な条件となる。しかし，学級の成立はこのような人間関係を前提として編成されたものではなく，形式的に編成された組織（organization）である。したがって，学級編成時には，同一化のメカニズムの発生は期待できない。特別活動を通しての集団づくりの必要性は，その学級を学習集団に形成しようとするところにある。

2　組織類型論からみた学級

　エチオーニ（Etzioni, A）は，さまざまの組織（complex organization）を分析するための準拠枠として服従関係（compliance）を取り上げている。服従関係とは，ある行為者が他の行為者の権力によって支えられた指示に従って行動する関係，および，指示によって行動するフォロアーがその権力に対して抱く志向

（権力）	（関与）疎外的	打算的	道徳的
強制的	①	2	3
報酬的	4	⑤	6
規範的	7	8	⑨

図 2-1　服従関係の類型

を意味する。服従関係が成立している場合は，指示通りに行動すれば報酬を，従わなければ欲求剥奪を招くようなやり方で，リーダーが物質的あるいは象徴的手段を操作していくことである。また，フォロアーの志向とは，肯定／否定両面があり，肯定的な場合はリーダーへのコミットメントが，否定的な場合は疎外が生じる。

　エチオーニは，組織を支配している権力の3つのタイプと組織への成員の三種の関与（involvement）を組み合わせて，次の図2-1のように，9種類の服従関係の類型をつくる。

　「権力」の種類は強制的権力，報酬的権力，規範的権力に大別される。強制的とは，肉体的制裁や強迫をもって集団の秩序を維持しようとする権力である。報酬的権力とは，物質的報酬の配分を通して集団秩序を統制しようとする権力である。規範的権力とは，象徴の付与と剥奪を操作することによって統制を行う権力である。

　他方，組織への参与者の「関与」として，疎外的，打算的，道徳的という3種が類型化される。このうち，集団への関与が最も消極的なものは疎外的関与であり，反対に最も積極的な場合は道徳的関与である。打算的関与はそれらの中間である。

　これらを組み合わせると形式論理的には9種類の組み合せができるが，これらの中で適合的なパターンは図の対角線上に位置する①強制的権力―疎外的関与，⑤報酬的権力―打算的関与，⑨規範的権力―道徳的関与という組み合せである。組織類型としては，①強制的組織（coercive organization），⑤功利的組織（utilitarian organization），⑨規範的組織（normative organization）である。

　強制的組織に分類されるものは，強制収容所，刑務所，保護監視的精神病院

などである。これらの組織では，秩序の維持は強制的権力による参与者の統制によって行われる。参与者の大半は，組織に対して疎外的に関与している。

　功利的組織は，報酬的な服従関係が強く，物質的報酬が参与者の統制の主な手段となっている組織である。参与者の志向は，弱い疎外とコミットメントを同時にともなう打算的関与である。ブルーカラー，ホワイトカラーの多い産業，職場，企業体がこれに分類される。

　規範的組織は，規範的権力が参与者に対する一般的な統制手段となっており，参与者の当該組織に対する関与はきわめて強いのが特徴である。規範的服従関係の優勢な組織としては，宗教組織，大学，組合，自由結社，学校，治療的精神病院などが含まれる。

　以上3種の組織類型のなかで学級・学校は一応，規範的権力によって統制される組織として分類される。規範的権力によって統制される場合は，「⑨規範的権力─道徳的関与」のタイプとともに，整合的でないタイプとして「7規範的権力─疎外的関与」および「8規範的権力─打算的関与」とが存在する。普通，義務教育の小・中学校の子どもたちは「道徳的関与」というよりも，「打算的関与」か「疎外的関与」かの何れかである。「道徳的関与」はむしろ目的としての学級集団像である。もちろん「打算的関与」といってもエチオーニが定義したように，物質的報酬ではなく象徴たとえば成績表，あるいは試験の順位などによる報酬である。それらの上位を獲得することで上級学校へのパスポートを入手しようとする「打算的関与」である。ところが，上級学校への進学期待が低く，また，成績への志向も強くない場合は疎外的関与が生まれるであろう。荒れる中学校のような場合は，「疎外的関与」の生徒が優勢となっているので，もはや規範的権力は統制機能を果たさなくなり，学校はやむなく強制的権力へ傾斜することがある。

　学級はその成立の当初においては子どもたちの疎外的関与，打算的関与の対象であろう。それを道徳的関与の状態にまで形成することが学級経営の目的である。強制的組織，あるいは，報酬的組織に近い集団では，教師の指導は有効ではない。ここに特別活動領域，とくに，この場合はとりわけ学級活動を通して行う，教師の大切な学級づくりの仕事がある。

3　学級活動と人間関係の形成

　特別活動は，学級の人間関係の形成を直接の目的とする領域である。特別活動それ自体は一つの学級・学校の文化的行事や体育的行事を遂行する課題遂行過程である。しかし，各教科と特別活動を対比するならば，後者，特別活動は学校集団全体の集団としての維持機能を果たす領域として位置づけられる。

　学級活動は次のようにのべられている。

　(1)　学級や学校の生活の充実と向上に関すること。学級や学校生活における生活上の諸問題の解決，学級内の仕事の分担処理など

　(2)　日常の生活や学習への適応及び健康や安全に関すること。不安や悩みの解消，基本的な生活習慣の形成，望ましい人間関係の形成，……など

　これを見れば，まずもって，学級活動は学級の人間関係をよりよいものとしてつくりあげようとしていることがわかるであろう。たとえば，小学校中学年になると必ずといってよいほど生じる男子と女子との対立や分裂は，(2)の活動としての教師による指導と(1)の活動として，学級行事など協同活動を通しての解消が意図される。

　特別活動の人間関係づくりは，学級活動に限定されることはない。学校行事，児童・生徒会行事の場合も学級単位で参加することがほとんどであり，実施される行事はほとんどすべて集団で行われる。したがって，すべての過程が人間関係を深める指導の機会である。

　ホマンズ（Homans, G. C.）は「二人，またはそれ以上の人の間の相互作用の回数が増加したとすると，互いに彼らが好いている程度が増すであろう。逆もまた真である」といっている。

　学級の集団活動を積極的に行い，協力や協同の機会をつくって人間関係をよりよいものに形成していく指導こそが，特別活動の指導である。ひとりの子どももはみ出さないように，人間関係に入っていけない者には適切な指導や他の子どもからの誘いかけを指導したり，適切な学級の役割分担を与えるなど集団指導の実践例は多い。学級集団にとどまらず，児童・生徒会活動，クラブ活動，学校行事などあらゆる場面で一人ひとりの子どもが自己実現できるような集団や関係をつくっていくことが求められる。

③ 目的としてのリーダーシップ像

　リーダーシップ（leadership）は指導性と訳されるが，リーダーシップという呼び名の方が一般的かもしれない。複数の個人が集まって集団行動をとるとき，必ずといっていいほどリーダーのことが問題になる。別に意識しなくとも一緒に行動しはじめて数分も経つと，リーダーシップを発揮する人物が現われてメンバーが従う姿がみられる。

　特別活動は集団活動であり，リーダーシップの観点から教師像を描いてみることは，教師自身が集団をどう指導するかの指針を与える上で有効であり，子どもたちの集団活動を指導する際の方向性を与えることになるであろう。

1　オフィサーとしての教師

　会社，官庁，病院などと同じように，学級・学校は子どもたちの教育という目的のために社会がつくった組織である。自然発生的にでき上がった仲間集団，インフォーマル・グループなどとは性格を異にしている。このような組織のリーダーシップについて，組織社会学者エチオーニは次のような類型化を行っている。

　組織の最小単位集団のリーダーを類型化するために「組織からの権力」の有無，個人の「人格的な力」の有無という2つの変数の組み合せから生まれる4種のリーダーを図2-2のように分類し，それぞれを命名した。

　職務からの権力を有し，人格的力をも有するリーダーはフォーマル・リーダーと呼ばれる。職務からの権力とは，たとえば，会社の係長というような管理職的地位に付随する権限である。人格的力とは，個人が所有する人格求心力とでもいうべきものであり，別の言い方をするならば，集団の他の成員の支持である。その両者が備わっている場合をエチオーニはフォーマル・リーダーと呼ぶ。

　第二は，職務からの権力は有するが，人格的力が備わっていない場合で，オフィサーと呼ばれる。ある会社で年功序列制によって係長に昇格したが部下か

第2章 目的論

職務からの権力

		有	無
人格的力	有	フォーマル・リーダー	インフォーマル・リーダー
	無	オフィサー	ノン・リーダー

図2-2 リーダーの分類

らの支持がえられないような場合がこれにあたるであろう。しかし，そのような場合だけではなく，新設の会社で係が編成された当初は係長はオフィサーである。

　第三に職務からの権力がなく，人格的力を有する場合はインフォーマル・リーダーと呼ばれる。ゆえあって係長にはなっていない平社員であるが，係のメンバーの信頼感が強く頼りにされている場合がこれである。

　第四のノン・リーダーは職務からの権力ももたず，他者からの支持も十分ではないということで，リーダーとはいえない。ただし，レヴィン（Lewin, K.）の放任的リーダーは機能的にはここに分類されるかもしれない。

　このような分類枠組みによると，教室の教師はどのようになるであろうか。四月はじめの学級の状況を考えてみると，教師という存在の特質が明らかになる。すなわち，教師は子どもたちに請われて，学習指導者として学級にやってきたわけではない。一定の有資格者として教育委員会から派遣され，学校内の組織原理によって，当該教室の担任として配属されたに過ぎない。他方，子どもたちもまた，子どもの先生に学びたいという希望をもって集まってきたわけではない。吉田松陰の松下村塾とは現代の学校は違った原理によって学級が成立することは，すでに説明した通りである。

　このような学級の教師は，エチオーニの分類からするとオフィサーである。子どもたちには教師を選ぶ権利はない。教師は子どもたちにとっては「自分たち」の外部から与えられたリーダーにすぎない。したがって，子どもたちが実

質的に教師を支持するはずはない。教師に対する信頼や愛着は，はじめから学級に存在するわけがないからである。

2　ヘッドとしてのリーダー

ギッブ（Gibb, C. A.）は，リーダーを狭義のリーダーとヘッドとに分類する。そして，「教師と生徒の関係も同じ方向に向かっている影響力のタイプとして特徴づけられているが，それをリーダーシップと呼ぼうとする者はほとんどいないだろう」という。そして，リーダーに対置されるヘッドこそは教師のリーダーシップを特徴づける概念として適切であると考えている。ヘッドシップ（headship）とはリーダーシップに対して，次のように特徴づけられる。

① ヘッドシップは組織によって維持されているので，集団成員の支持によって維持されているのではない。
② 集団の目標はヘッドによって選ばれる。集団によって内部的に決定されるものではない。
③ ヘッドシップの関係においては，目標の追求において共通の感情は存在しない。
④ ヘッドと集団成員との間に社会関係の裂け目がある。
⑤ リーダーの権威の源がフォロワーの同調にあるのに対して，ヘッドのそれは集団外的な権力に由来する。

以上のような，ヘッドの概念は学級の教師と児童生徒との関係をよく説明している。そして，ヘッドはその存立形態からして，権威主義的，専制的リーダーシップとなりやすい。教師は学習指導要領に盛られた所定の内容を一年間で，多様な子どもたちに教授しなければならない。したがって，子どもたちの思いを十分聞き入れながら教育活動を進めることは至難の技といわねばならない。いろいろな障害に出会って授業の進度は遅れがちとなる。しかたなしに，専制的リーダーとなって子どもたちに指示や強制を行うことになる。しかし，ギッブによれば，ヘッドもまた，本質は別として，限りなく民主的リーダーに接近することができるのである。進度や内容に制約のない特別活動こそは，教師が学校において民主的リーダーとして子どもに接することができる唯一の領

域かもしれない。

3 特別活動と教師のリーダーシップ

学級は教育的機能を十分に内包する集団として組織されてはいない。むしろ、特別活動を通して、望ましい集団につくりあげていかなければならない集団であることはすでに述べた。その集団形成の過程こそは、他方からみれば、子どもたちの社会化であり、社会的態度を育成する教育そのものである。この意味で「望ましい集団活動を通して」は「望ましい集団形成を通して」という意味に解することができる。

さて、その際の教師のリーダーシップはいかにあるべきか。教師はエチオーニの言葉によれば、オフィサーからフォーマル・リーダーに自己変革を遂げなければならない。子どもたちからの信頼と愛着とを獲得しなければ、子どもたちを真に教育することはできない。教科指導の卓越した教師ほど学級経営の重要性を強調する傾向がある。彼らは、子どもたちの、教師への愛着や信頼性が学級の目的である学習活動に積極的に向かわせる重要な要因であることを体験的にも知っているからである。

その自己変革のためには、教師はヘッドでありながら民主的なリーダーシップを発揮しなければならないであろう。その意味で、限りなくヘッド色を払拭しリーダーになりきる必要があるといえるであろう。

4 特別活動型リーダーシップ

レヴィン (Lewin, K.)、ホワイト (White, R. K.)、リピット (Lippitt, R.) らによる有名な民主的、専制的、放任的リーダーシップ研究とともに、ベィルス (Bales, R. F.) 理論の流れをくむ三隅二不二の PM 理論は、日本で最もよく知られたリーダーシップ論の一つである。PM 理論の P は Performance の頭文字で、集団の課題遂行機能を表している。M は Maintenance の頭文字で、同じく集団の主要な機能である集団維持機能を表す。あらゆる集団が集団として存続するためには、この2つの機能がある一定水準で働いていなければならない。このような、小集団社会学の命題に基づいてリーダーシップを定義すれば、

```
M  | pM  | PM
   |     |
m  | pm  | Pm
        p    P
```

図2-3 リーダーシップの4類型

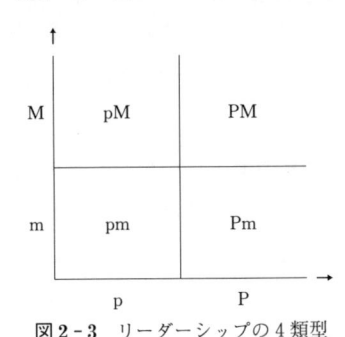

特定の集団成員が集団の課題遂行機能と集団維持（形成）機能に関して，他の集団成員よりも，より著しく継続的かつ積極的な影響を与える場合，といえる。

PM理論から見たリーダーシップの類型は，次の図2-3のような4つに分類される。

さて，特別活動におけるリーダーシップはどうあるべきであろうか。ここで，学校教育の大きな柱である各教科指導と特別活動の指導をPM理論で分類してみよう。学校の目的達成機能である各教科は課題遂行的側面に，特別活動は主として自己実現的活動に重きを置くことから集団維持的側面により深く関わることになる。この章の冒頭でふれたように，特別活動としては，子どもたちの学校生活を楽しくするために毎月学級・学校行事を入れたり，学級では学級活動の時間にレクリエーションやお誕生会を計画する。しかも，それらの活動に全員が参加し全員が高い満足感をもつことができるように，人間関係や心構えを指導する必要がある。まさに，特別活動のリーダーシップはM型のリーダーシップであることが求められている。しかし，教師は単に，集団維持機能（group maintenance function）にとどまらず，集団形成機能（group formation function）を果たすことが期待されている。

とくに小学校の場合は学級担任制であるから，教師は各教科，道徳，特別活動の指導を義務づけられている。したがって，学級担任はPm型やpM型ではなく，PM型でなければならない。各教科・道徳の指導が上手で，しかも子どもたちとの関係づくりが上手な教師，さらに子ども同士の人間関係をよくしたり，集団の協同性，自発性を高めたりするための指導力のある教師が求められている。学生時代のクラブ活動の体験，海外での生活体験，子ども会の指導やボランティア活動の体験等が重視されるのはそのためである。

大学における特別活動の講義はほとんどの場合，半期30時間程度しか開講されていない。その講義に加えて，どれほど自発的に集団活動の体験を積んだかが，教育現場に出てからの指導力に影響してくる。このことを失念してはなら

ない。

参考文献
(1) エチオーニ・綿貫譲治監訳『組織の社会学的分析』培風館，1966年。
(2) 三隅二不二『リーダーシップ行動の科学』有斐閣，1984年。
(3) 髙旗正人・倉田侃司編著『特別活動』ミネルヴァ書房，1994年。
(4) 髙旗正人『パーソンズの教育規範』アカデミア出版会，1996年。
(5) 髙旗正人編著『教育実践の測定研究』東洋館出版社，1999年。
(6) 髙旗正人編『学級経営重要用語300の基礎知識』明治図書，2000年。

推薦図書
(1) 片岡徳雄『個性を開く教育』黎明書房，1996年。
(2) 片岡徳雄・髙旗正人監修『子どもの個性を開くストラテジー』（全3巻）黎明書房，1997年。
(3) 片岡徳雄『心を育て感性を生かす』黎明書房，1998年。
(4) 日本子ども社会学会編『いま，子ども社会に何がおこっているか』北大路書房，1999年。
(5) 髙旗正人・新潟県個集研編『人間関係をつくる力を育てる』黎明書房，2001年。

（髙旗正人）

第3章　内容と方法の理論

　本章では，第一に，特別活動の内容は，小学校，中学校，および高等学校においてどのような活動から構成されているかを，今回の改定学習指導要領に沿って概観する。第二に，特別活動は，教科や道徳と比べると，集団活動を通して児童・生徒一人ひとりの個性の伸長等の人間形成を図る点が方法的な特質になっており，この特質を，とくに集団活動の意義と効果，集団活動によって形成すべき支持的な集団規範の大切さから検討する。第3に，望ましい集団活動を実践的，具体的に進めるための方法論として，小集団（班）の編成と活用の工夫，一人一役と輪番制，話合いの方法と技術，創造的な集団活動，および豊かな体験的活動の意義を述べる。

1　特別活動の内容

　特別活動の内容はどのように構成されているか。今回改定された学習指導要領に沿ってその内容をみていく。文部省は，学校教育法施行規則の一部改正と学習指導要領の改定を，小・中学校については，1998（平成10）年12月14日に，高等学校については，1999（平成11）年3月29日に行った。そして，この新しい教育課程の基準は，小・中学校では，2002（平成14）年度から実施するが，特別活動については，移行期間中の2000（平成12）年度から実施される。高等学校では，2003（平成15）年度から年次進行により実施される。
　この新しい学習指導要領に基づき，まず特別活動の内容を概観しておく。小学校では，4つの内容（学級活動，児童会活動，クラブ活動，学校行事），中・高等学校では，3つの内容（学級活動，生徒会活動，学校行事）により構成されている。教育課程上の位置づけやめざす役割には大きな変化はない。なお，今回の改定で，大きく変わったのはクラブ活動であろう。中・高等学校で

は，放課後等の部活動，完全週5日制のもとでの学校行事の重点化の工夫や精選，また，学校外活動との関連を考慮し，廃止された。小学校では授業時数が示されなくなった。

1 小学校の特別活動の内容

小学校の4つの内容は，以下の通りである。

A 学級活動

学級を単位として，学級や学校の生活の充実と向上を図り，健全な生活態度の育成に資する活動を行うこと。

(1) 学級や学校の生活の充実と向上に関すること。
(2) 日常の生活や学習への適応および健康や安全に関すること。

B 児童会活動

学校の全児童をもって組織する児童会において，学校生活の充実と向上のために諸問題を話合い，協力してその解決を図る活動を行うこと。

C クラブ活動

学年や学級の所属を離れ，主として第4学年以上の同好の児童をもって組織するクラブにおいて，共通の興味・関心を追求する活動を行うこと。

D 学校行事

全校または学年を単位として，学校生活に秩序と変化を与え，集団への所属感を深め，学校生活の充実と発展に資する体験的な活動を行うこと。

① 儀式的行事，② 学芸的行事，③ 健康安全・体育的行事，④ 遠足・集団宿泊的行事，⑤ 勤労生産・奉仕的行事

2 中学校の特別活動の内容

A 学級活動

学級を単位として，学級や学校の生活への適応を図るとともに，その充実と向上，生徒が当面する諸課題への対応および健全な生活態度の育成に資する活動を行うこと。

(1) 学級や学校の生活の充実と向上に関すること。

(2) 個人および社会の一員としてのあり方，健康や安全に関すること。
  (3) 学業生活の充実，将来の生き方と進路の適切な選択に関すること。
B　生徒会活動
　学校の全生徒をもって組織する生徒会において，学校生活の充実や改善向上を図る活動，生徒の諸活動についての連絡調整に関する活動，学校行事への協力に関する活動，ボランティア活動などを行うこと。
C　学校行事（ねらいは，小学校と同じ表現）
　① 儀式的行事，② 学芸的行事，③ 健康安全・体育的行事，④ 旅行・集団宿泊的行事，⑤ 勤労生産・奉仕的行事

3　高等学校の特別活動の内容

A　ホームルーム活動
　学校における生徒の基礎的な生活集団として編成したホームルームを単位として，ホームルームや学校の生活への適応を図るとともに，その充実と向上，生徒が当面する諸課題への対応および健全な生活態度の育成に資する活動を行うこと。
  (1) ホームルームや学校の生活の充実と向上に関すること。
  (2) 個人および社会の一員としての在り方生き方，健康や安全に関すること。
  (3) 学業生活の充実，将来の生き方と進路の適切な選択決定に関すること。
B　生徒会活動（ねらいは中学校と同じ表現）
C　学校行事
　全校若しくは学年又はそれらに準ずる集団を単位として，学校生活に秩序と変化を与え，集団への所属感を深め，学校生活の充実と発展に資する体験的な活動を行うこと。
　① 儀式的行事，② 学芸的行事，③ 健康安全・体育的行事，④ 旅行・集団宿泊的行事，⑤ 勤労生産・奉仕的行事

② 特別活動の方法にみられる集団活動の特質

1 方法としての集団活動

　特別活動の方法にみられる特質は，集団活動を通した教育活動として行われるところにある。しかも，さまざまな単位での集団活動がなされることである。たとえば，主に学級を単位として行われるものとしては，学級活動やホームルーム活動。学級内での小集団（班）を単位として行われるものとしては，係活動。また，学級や学年の枠を超えて主に学校を単位として行われるものとしては，学校行事とか児童会活動や生徒会活動。さらには，地域の人々を巻き込み，地域にでかける活動（ボランティア活動，交流活動など）も展開される。

　特別活動における集団活動は，多岐にわたる活動内容に対応し，集団の規模も異なり，さまざまな集団活動の体験をさせている。こうした集団活動を通して，対人的なかかわり（相互作用）を理解でき，他者との人間関係を形づくり，望ましい規範や社会的なルールを習得し，他者と協力してよりよい学級，学校，生活を築くことができることをめざしている。

　もちろん，「個性の伸長や調和のとれた豊かな人間性の育成」という指導の重点から考えて，個人的な活動を無視しているわけではなく，「ガイダンスの機能の充実」を重視する観点も，特別活動では大切にしているが，やはり中心的な活動は集団活動であり，体験的活動である。

2 集団活動がもつ意義と効果を踏まえて

　さて，集団活動の意義ないし効果としては，何が期待されるか。集団活動を行うこと，すなわち，小集団を編成し活動を展開することには，次のような意義や効果があるだろう。

　一つは，メンバー相互の理解が早くしかも深くなる（相互の理解）。
　二つは，メンバーそれぞれが創意・工夫しやすい（創造性の育成）。
　三つは，メンバーの個性をいっそう伸ばしやすい（個性の発揮）。
　四つは，小集団でも，学級（あるいは学校全体）でも，協力が進み，まとま

りやすい（協同・まとまり）。

　五つは，学校での学習や生活が教師や他の者から与えられるものではなく，自分たちそれぞれのものだ，という自覚が生まれやすい（自主性の育成）。

　以上のねらいやよさは，集団活動を行えば無条件に生まれるというものではない。集団活動の進め方しだいでは，そうしたよさが生まれなかったり，逆に，マイナスの効果が生じることもある。

　たとえば，学級内の小集団（班）や学級単位に，競争関係をつくり，互いに活動で競い合うことばかりを行うと，最初は意欲的に見えるが，しだいに活動のなかで問題が生まれる。こうした集団活動では，メンバーである子ども達の相互の理解が深まるなどとは，正反対のことも起こりうる。互いにいがみ合い，足を引っ張り合い，他者の悪いところばかりに目がいき，自分たちの班や学級のよさばかりを主張し，他者（他の班や学級）のよさを認めない集団活動に陥る。このためにも，望ましい集団活動とは，どのような集団活動であるかをつねに問う必要がある。

3　支持的風土の形成を（学級の支持的規範づくり）

　たとえば，高等学校のホームルーム活動の内容として，②個人および社会の一員としてのあり方生き方，健康や安全に関することが，あげられている。その具体的な内容としては「ア．青年期の悩みや課題やその解決，自己や他者の個性の理解や尊重，社会生活における役割の自覚と自己責任，男女相互の理解や協力，コミュニケーション能力の育成と人間関係の確立，ボランティア活動の意義の理解，国際理解と国際交流など」が列挙されている。

　この活動内容はいずれも，生徒一人ひとりが人間としてのあり方生き方について探求し，個人として心身の健康の保持増進に努め，個性を発揮していくと同時に，社会の一員として必要とされる資質や能力を培っていくことを期待している。これは一人ひとりへのガイダンス機能の充実という観点からの取り組みであるが，集団活動のあり方という観点もまた見落とすことはできない。

　そして，こうした活動内容を充実させるには，生徒の相互理解を深めること，ホームルームの中で自分の問題を素直に打ちあけ合い，互いに他者の問題を自

分の問題として受けとめ合い，ともに問題解決に取り組んでいこうとする雰囲気や意欲を，学級（ホームルーム）内に育てる必要性がある。こうした雰囲気（規範とか，行動の基準）が学級内に育たないと，自他の尊重にもとづく生き方を指導することはできないだろう。このような特徴をもつ集団の雰囲気を支持的風土（supportive climate）という。

支持的風土とは，次のような特徴をもつ。ア．仲間との間に自信と信頼がみられる。イ．何でもものいえる楽しい雰囲気。ウ．組織として寛容と相互扶助がみられる。エ．他の集団に対しての敵意が少ない。オ．組織や役割が流動的である。カ．目的追求に対しての自発性が尊重される。キ．積極的参加がみられ，自発的に仕事をする。ク．多様な自己評価が行われる。ケ．協同と調和が尊重される。コ．創造的な思考と自律性が尊重される。

なお，これとは相対立する集団の雰囲気が，防衛的風土（defensive climate）である。その特徴は，次のとおりである。ア．仲間との間に恐怖と不信がみられる。イ．攻撃的なとげとげしい雰囲気がある。ウ．組織として統制と服従が強調される。エ．戦闘的で地位や権力への関心が強い。オ．目的追求に操作と策略が多い。カ．党派的分裂，班と班との対立，競争関係がある。キ．保守的で他律性が強い。

集団活動を通して，防衛的な風土をつくらず，前者の支持的風土をつくることが大切となる。支持的風土を形成していく，実践的な方法と観点をあげると，一つは，相手の身になり，相手の立場に立ち，相手の考えや思いをくみとる態度を育てること。二つは，相手の考えや行動のなかに長所を探すこと。欠点を指摘するよりも，良いところを伸ばそうとする態度を育てること。三つは，相手のまちがいや失敗を笑ったり馬鹿にしない態度を育てること。教室のなかの自由やはみ出し，そして創造性の芽を大切にする態度を育てることが求められる。

③ 望ましい集団活動を進めるための方法論

1 集団のはたらき（機能）とは

　さて，集団活動を進める場合，集団の働きとして何を期待するのか。集団を構成し，活動を展開する際に，その集団には一般的に，2つの働きが期待される。一つは，活動の目的や課題を効果的・効率的に達成する働きである。もう一つは，目標を達成するために不可欠なその集団に所属するメンバーの諸条件を整備する働きである。なお，前者の働きを課題達成機能，後者を集団維持（形成）機能と名づけている。

　課題達成機能とは，その集団の課題や目標をどう達成していくかの問題とかかわる。たとえば，学級活動で話合いをもっても，発言がない，何も決まらないでは，話合いの目標は達成されない。集会や行事をもっても，やらされているといった無気力な態度での取り組みでは，活動の目標は達成されない。すなわち，活動に取り組む場合，課題が解決されるとか，目標が達成されることがなくては，その活動を望ましい集団活動とは呼べない。

　集団維持（形成）機能とは，集団のメンバーの間の人間関係のよさとか，メンバーの個人的な欲求の充足や所属する集団への魅力の増進などによって集団を維持し，さらに発展させていこうとする働きである。たとえば，集団の目標は達成されたにもかかわらず，個々のメンバーをみると，目標の意味の理解が乏しく，その達成に関心が低いままであるとか，また，目標達成の過程で他のメンバーとの間で多大のストレスを感じるとか，さらには，他の班との競争のなかで集団活動自体が嫌になるといった問題が生じ，そのために，次の活動への意欲が低下したり，メンバー間の人間関係がいっそう悪くなっては，集団維持機能の点では問題である。望ましい集団活動とは，この2つの働きがともにうまくいくような活動である。

　では，望ましい集団活動を展開するために，どのような集団を組織（構成）し，それをどのように運営していくことが求められるのか。以下，それを示すことにしよう。

2　小集団（班）の編成と活用の工夫を

　学級のなかに小集団をどう編成するか。これは単に技術的なレベルの問題にとどまらず，集団活動のねらいである子どもの自主性，創造性をどう生かせるか。また，個性の発展をどう図っていくかという問題と深く関連している。

　一般的には，次の3つの編成方法が考えられる。一つに，くじ引き，または座席順など，偶然にまかせてつくる方法。二つに，教師がリーダー（予定者）や問題をもつ子どもを配慮し，指名してつくる方法。三つに，分担すべき仕事を中心に，希望させてつくる方法。

　このなかで，偶然による方法は，子ども相互の理解を深めるという点では意義があり，とくに初期の段階で有効な方法である。また，だれとも理解し合い協力できる小集団を組めることをめざすという点では，最終的な方法となる。教師の指名による方法は，教師がさまざまなデータに基づいて編成するので，一応まとまりのある小集団ができる。仕事を中心とする編成方法は，仕事の内容とか，係の種類に応じて編成するので，活動内容に興味や関心をもって積極的に取り組むことが期待できる。

　つぎに，小集団内での係や分担をどのように考えるかということも重要である。たとえば，美化班，図書班，新聞班などの小集団とか，日直や掃除当番などのように順番にあたるような当番的な小集団をつくることは，学級での集団活動をスムーズに展開できるだけでなく，これにより，子どもたちの自主性，創造性，個性が発揮される場づくりとなる。

3　一人一役と輪番制を

　係や分担した仕事（役割）を遂行することを通じて，子どもたちの指導性（リーダーシップ）や役割意識を育て，集団活動のよさを学ばせることが期待される。このためには，教師が，一部のリーダーにかなう者とそうでない者とを固定的にとらえてしまい，リーダーとして少数の者だけを選び出して育成しようとするような立場はとらない方がよい。わが国の教育現場では，よくみられることだが，学級内に小集団（班）をつくると，班長を必ず置く。そして，この班長には，普段の成績や行動から考えて，同じ班のメンバーのなかで何らか

の点で秀でていることを要件として想定している場合が多い。たとえば，各班の班長には，自分の班のメンバーの活動のあり方について，指導や命令をさせる場合が多い。しかし，こうした班長中心の集団活動を進めると，つぎのような問題点が生じることが指摘されている。

　一つは，学級のなかで，班長になれる者と，いつもなれない者とに分化がおきること。そして，両者の間に，命令＝服従，指導＝被指導といった階層的関係ができてくる。二つは，学級や班の重要な仕事が，班長ひとりに集中し，その結果，班長になれない者には，責任感や連帯感，意欲や創意・工夫が欠如してくる。三つは，班長には過度に個人的自覚を強調し，他のメンバーとの違いを意識させる。エリート意識を育てようとすると，班長とは固定的，絶対的なものだと考えられるようになる。

　以上のような問題点を克服する考え方が，一人一役という考え方である。すなわち，集団におけるリーダーシップとは，集団の共通の目的を追求するために，他のメンバーを指導・統制する働きである，と定義すると，集団のリーダーには，次のような条件が考えられるだろう。すなわち，第一に，その集団の特定の目的やその目的達成の方法について詳しいこと。第二に，集団メンバーがリーダーを認めていること。こう考えると，リーダーシップとは，個人の有する特性というよりは，集団の機能や過程に関わるものであると考えることができるから，すべてのメンバーは，何らかの場面（活動）である程度リーダーシップをとることができるのではないか。また，場面（活動）が変わるとリーダーシップも変わってくることが考えられる。

　そこで，リーダーシップを班長の独占物にしない考え方で，集団活動の充実をめざすことが大切となる。リーダーとはつねに無縁な者は，どうしても意欲が低下してしまう。誰もがリーダーになれる。こういう理念に基づく集団の組織づくりや雰囲気づくりを考えていくことが集団活動の上で必要である。

　なお，この「一人一役」という考え方は，40人学級であれば，40人を機械的にすべて違った役割（係）につけるということではない。2人で同じ役割（係）を担ってもいい。要は，すべての者が何らかの役割（係）を担い，その役割遂行を通して責任感や連帯感をともに育てていくことが望ましい。

さらに、「一人一役」という考え方を発展させて、役割の輪番制を導入することも望まれる。たとえば、お互いが分担した係の仕事について気をつけ合うとか、他の人の係をいつか自分もすることになるのでよくみておくとか、他の係の仕事との関連を図りながら自分の分担した仕事を行うとか、自分が分担した仕事を創意・工夫してより豊かにしていくとか、自分が係としていろいろ工夫したことを次にその係につく人に教えてあげる、といった活動が集団活動の発展にとって有効となる。

4 話合いの方法と技術を

特別活動では、学級活動をはじめ各種の活動場面で、話合いの場面が多い。このため、話合いの技術や方法を子どもたちが身につけることが大切になる。たとえば、発表の仕方、メモやノートのとり方、司会や書記の仕方、班の意見や考えを学級全体に発表する仕方など、話す、聞く、書く、読むなどのコミュニケーション技術の基礎・基本の習得に関することである。

小集団（班）で話合いを行う場合、学級全体での話合いに比べて、人数が少ないために気楽に話し合え、個人の発言の機会も増える。だが反面、単なる「おしゃべり」になったり、時間がかかる割には、話合いのねらいや課題の達成が効率的に進まないなどの批判は数多く聞かれる。また、小集団（班）で話合いをするということを、みんなの意見を何か1つの意見にまとめることだといった考え方をする場合も多い。まとめる話合いもたしかに必要ではあるが、意見の集約をはかることだけが話合いではない。まとめる話合いに終始すると、自分の意見が生かされないから話合いは嫌だという子どもがでてくる。さらに、「班で話し合いなさい。」という指示だけでは、話合いはうまくいかない。やはり、効果的な話合い活動をもつためには、方法と技術が必要となる。

さて、話合いをもつ場合、思考の性質に応じて行うことが大切である。すなわち、大別すると、生産的思考と再生産的思考とである。なお、生産的思考には、発散的思考、収束的思考、収斂的思考の3つが含まれる。

思考の性質に応じた話合いの方法の留意点としては、次のような点があげられる。第一は、考えを出し合い、集める話合い（発散的思考）。話合いがもつ

よさの一つが，自分ではなかなか思いつかないような考えやアイディアが他のメンバーから出されたり，また，そうした考えやアイディアに触発され，それをヒントにして，自らも少し違った考えやアイディアを創造できることである。こうした話合いをより豊かにするには，当然，考えや情報をなるべく多く集め，出し合うことが大切である。そこで，どのような考えや思いつきや情報にも，話合いの場面では，ばかにしたり，批判したり，優劣をつけたりしないことが大切になる。多く出し合うことだけに集中すること，また，多く出し合うために創意・工夫することが，話合いをより能率化する。

　第二は，考えをまとめ，たばねる話合い（収束的思考）。これは，考えを出し合い，集める話合いの次にくる場合が多い。この話合いでは，いままでに出された多くの考えや情報を，それぞれ比較し，関係づけ，取捨選択する，といったことに焦点づけて行う。集められたいろいろな考えの異同を明らかにしていく，よく似た考えを集め（まとめ）てそれをくくる言葉を考える，自分の考えと他の人の考えとがどのようにかかわっているかなどを明らかにしていくことが話合いの中心となる。

　第三は，正しい考えを突きとめ，求める話合い（収斂的思考）。この話合いでは，正しい解答をした者と間違った解答をした者とをはっきりさせる。どこが間違っているかをはっきりさせる，そして，間違った解答をした者に分かるまでよく説明するなどが話合いの中心となる。

　第四は，おぼえる，なれる，みかえす，確かめる話合い（再生産的思考）。これは話合いというよりも小集団活動といった方がよい。おぼえる，なれる場合は，話合いよりも，身体を動かしたり書いたりすることが有効である。

　ところで，話合いのなかには次のような偏りもみられる。たとえば，最近の教育現場でよくみられるディベート。ある事柄に対して賛成か反対か，あるいはAかBかといったつねに対立する立場を想定して，相手の立場を論破することを目的として話合う。相手の欠点を激しく指摘し，自らの立場の有利さや正しさを主張し合う。たしかに，日頃発表がうまくできない子どもがゲーム感覚で発表の機会をもつとか，論点を単純に二分して，より明確なかたちで特定の立場から順序立てて，論議を進める，表現技術を磨くという点ではよさをもっ

ているかもしれない。単純に二分した立場で話合いをもつために，発表は確かにしやすいだろう。

　しかし，話合いのなかで重要なのは，自分の考えと他の人の考えとのかかわり（比較，対照，関係づけなど）で，自分の考えを変容させたり，自分のまちがいに気づいたり，自分の考えをさらに発展させるといった点である。相手の立場よりも自分の立場が優位であることを主張することに終始する話合いでは不十分である。勝ち負けの結果だけを重んじたり，ただ活発に意見を主張しさえすればよいとか，反対すればよいといったことに終始するだけでは，一人ひとりの思考は深まらないし発展もしない。こうしたディベート的な話合いだけでは，集団活動としても成果の乏しいものとなる。

5　創造的な集団活動を

　集団活動では，子どもの創意・工夫とか，創造性がいかに発揮されるかが重要である。子どもの創意・工夫がみられない活動はやらされる活動になる。また，たとえ毎年なされているような恒例の活動でもマンネリ化すると，活動の意義は乏しくなる。

　最近，特別活動の分野では，子どもの自主性とか，課題探求とか，創造性の育成という観点から，課題解決型の集団活動とか，プロジェクト法的な活動をもっと取り入れることが求められている。すなわち，自分たちで課題を発見する。課題解決への筋道を探る仮説をつくる。その仮説を解決する努力をする。成果をまとめ，報告したり，発表会をもつなどの活動である。「総合的な学習」とも関連をもつ活動である。

　なお，こうした集団活動に取り組むと，日頃の集団活動の成果が表出されてくる。いいかえると，日頃の集団活動が十分に行われていないと，こうした課題解決型の集団活動はうまく進まない。すなわち，他のメンバーとともに課題を考えたり，実際に資料を調べたり，班のなかで仕事を分担して，観察したり，実験したり，地域に出かけたり，班の成果を学級や学年集会の場で，成果を発表するなどの活動である。これらの活動のなかでは，計画から運営まで，子ども自らの手で進められるどれ一つの活動をとってみても，子どもの創意や工夫

が求められるし，活動への習熟のレベルも重要となる。まさに日頃の活動への取り組みそのものが試される活動といえよう。さらに，活動内容の充実ということだけにとどまらず，とうぜん日頃の学級や学校全体での子ども達の人間関係のあり方や現状が試されることになる。

6 体験的活動を豊かに

今回の学習指導要領の改定で，特別活動の方法として体験的な活動の充実がとくに求められている。もちろん，これまでも「なすことによって学ぶこと」は，特別活動の特質であったし，さまざまの体験的活動がなされてきた。しかし，今回の改定では，さらに体験的活動の質的改善・充実を求めている。改定で強調されているボランティア活動だけでなく，遠足・旅行的行事，集団宿泊的行事，飼育・栽培活動，勤労生産活動などにおいても同様である。まさに自然的体験あり，文化的・学芸的体験あり，社会的体験あり，身体的・運動的体験ありである。

なお，学校行事における体験的活動に対しては，いくつかの充実すべき課題が示された。「ボランティア活動への積極的取り組み」「幼児，高齢者，障害のある人々などとの触れ合い」「自然体験や社会体験の充実」などである。さらに，学級活動などにおいても体験的活動の充実を求めている。

では，体験的活動にはどのような方法論的な特徴があるのか。

まず，体験的活動は，受け身の活動でなく能動的な活動である。頭だけでの理解でなく，身体全体を使った取り組みであり，五感を使って，驚きあり，感動ありといったより深いレベルで活動内容の意味や意義の理解が期待できる。しかも，一人で行う個人的な活動ではなく，他者との関わりのなかで行われるという社会性を同時に育てるという特徴をもっている。

また，体験的活動では具体的な事物や地域の人々との関わりをもつために，自然や社会の現実に触れる貴重な機会となる。しかも，自ら自主的に活動に取り組むなかで失敗体験や成功体験を重ね，試行錯誤を行いながら，活動を通して自然のすばらしさや厳しさ，地域でのさまざまな人たちの実際の生活，そして社会のあり方などを学ぶことができる。

さらに，体験的活動は，具体的，実践的であるが，この体験的活動の豊かさはイメージやイマジネーション（想像）の豊かさを生みだすもとになる。このイメージやイマジネーション（想像）は創造と深くかかわっており，子どもの創造性や創意・工夫を促す活動となる。体験的活動が創造に対してもつ意義は大きい。たとえば，頭のなかだけで理解するボランティア活動よりも，自らが自主的に体験するボランティア活動は，自らの身体と頭を使って創意・工夫を重ねることによって，豊かなボランティア活動としてさらに発展させていくことができる。

参考文献
(1) 片岡徳雄編『特別活動論』福村出版，1990年。
(2) 片岡徳雄『心を育て感性を生かす』黎明書房，1998年。
(3) 児島邦宏『学校新時代・特別活動の理論』明治図書出版，1996年。
(4) 宮川八岐編『全訂特別活動読本』教育開発研究所，2000年。

推薦図書
(1) 片岡徳雄『個を生かす学級を育てる先生』図書文化，1991年。
(2) 片岡徳雄『個性を開く教育』黎明書房，1996年。
(3) 髙旗正人・新潟県個集研編『人間関係をつくる力を育てる』黎明書房，2001年。
(4) 南本長穂・太田佳光編『教育現象を読み解く』黎明書房，1998年。

　　　　　　　　　　　　　　　　　　　　　　　　　　　　（南本長穂）

第4章　教師論
——特別活動の「指導者特性」

　教師のなかには，俗にいう「特別活動の虫」と呼ばれる人たちが，少なからずいる。彼らは，教科や道徳の指導よりも，特別活動の指導により多くの魅力を感じている。仲間と教育談義を交わすときにも，とかく特別活動にまつわる話が多い。どこにそんな魅力があるのだろうか。いろいろ考えられるが，教師からみて，「枠にはまらない自由さがある」，「教師の創意工夫を生かすことができる」，「子どもとともに創る喜びがある」などは，特別活動の魅力といってよいであろう。そうした魅力の虜になっているのが「特別活動の虫」であるが，彼らの「指導者特性」とはどのようなものであろうか。

　本章では，特別活動にとりわけ求められる「指導者特性」について考察する。まず，学校教育だけでなく社会教育をも含めて，教育活動一般に見られる2つの「指導者特性」について考察し，それをもとに，学校教育の各領域で特徴的に現れる，教師の「指導者特性」を分析・整理する。そのうえで，特別活動に求められる「指導者特性」とはどのようなものであるかについて，いくつかの事例の検討を通して，また今日的な動向もふまえながら，幅広く探っていくことにしたい。

1　2つの「指導者特性」

1　「教授者」としての特性

　よくいわれる喩え話に，学校は「すずめの学校」，社会教育の団体やグループは「めだかの学校」，というのがある。

　学校には偉い先生がいて，その先生が鞭をふりながら子どもを教える（鞭を振り振り，チィパッパ）。だから，学校は「すずめの学校」である。社会教育の団体やグループにも，指導者はいる。だが，そうした社会教育の団体やグルー

プの多くは，指導者と被指導者をともに包み込んだ，相互教育の場である場合が多い（誰が生徒か先生か）。だから，それは「めだかの学校」である。

　この喩え話は，なかなかいいえて妙である。とりわけ，「鞭を振る学校の先生」という表現は，教師の「指導者特性」の一断面を見事にイメージ化している。いうまでもなく，教師は，子どもたちに知識や技術を伝達し，望ましい態度や行動をしつけ，それを身につけさせようとする。ほめることもあるが，どちらかといえば叱ること（鞭を用いること）の方が多い。教師の一日の仕事のほとんどは，そうした行為から成り立っているともいえるのである。ここに見られる教師の指導者としての特性は，知的・技術的・道徳的に見て上位にある教師が，それらが未熟である下位者の子どもに，知識や技術や態度を伝達・教授する，いわば「教授者」としての特性である。学校が知識や技術の計画的な伝達を目的とする以上，教師は，この特性から逃れることはできない。

　しかも，学校で教えなければならない知識や技術の量が増えれば増えるほど，また，子どものしつけや生活態度の育成をめぐって，家庭や地域からの期待が大きくなればなるほど，教師のこうした「教授者」としての特性は一層強められる。こうして，今日の教師の「指導者特性」は，なによりもまず，「教授者」としての特性にあるといってよいだろう。

2　「調整者」としての特性

　一方，社会教育の団体やグループの指導者，たとえば地域の成人で組織される趣味，教養，スポーツの団体やグループの長，それに公民館の講座や学級のお世話をする社会教育主事，また，そこに招かれる講師，などの場合，学校の教師に見られるこうした「教授者」としての特性は，どちらかといえば希薄である。

　一般的にいって，社会教育のおもな目的は，人々の生活課題の解決をめぐる学習を，さまざまな方向から援助することにある。その援助のなかには，もちろん知識や技術の伝達も含まれるが，どのような知識をどのような方法で獲得するかは，あくまでも学習者の主体性にゆだねられている。したがって，社会教育の指導者は，学校の教師よりは「教授者」としての性格が弱く，むしろ問

題提起者あるいは学習の「調整者」としての性格が強い。

　もちろん，社会教育の指導者も，特定の知識や技術を伝達することにおいて，「教授者」として振る舞うことはある。しかし，そのことすら，たまたまの偶然のことにすぎない。問題や場面が変われば，彼らは学習者でもあるのである。もっと端的にいえば，この場合の指導者は，団体やグループのなかで，また講座や学級のなかで，自分をも含むメンバー全員の学習をコーディネイトする人である。こうして，社会教育すなわち「めだかの学校」の指導者の特性は，「教授者」的色彩の弱い「調整者」としての特性である。

　もっとも，学校の教師の「指導者特性」は「教授者」，社会教育の指導者の「指導者特性」は「調整者」，というような区別は，少し極端にすぎるかもしれない。学校の教師も「調整者」としての「指導者特性」をあわせもっているし，社会教育の指導者も「教授者」としての「指導者特性」からまったく無縁であるわけではない。したがって，そうした区別は，いずれの性格を強くもっているかという，あくまでも分析的かつ相対的な区別であるにすぎない。

　ところで，相対的にみて「教授者」としての「指導者特性」を強くもつ学校の教師も，最近，いろんな指導場面で，「調整者」としての「指導者特性」を大いに期待されるようになってきた。今日では，学校教育のなかにも，「調整者」としての「指導者特性」を必要とする場面が，次第に拡大してきているともいえるのである。

　少し詳しく考察してみよう。

② 「指導者特性」から見た2つの教育領域

1　2つの教育領域

　いうまでもなく，学校教育の内容は，「教科」，「道徳」，「特別活動」，「総合的学習の時間」といった，4つの教育分野から成っている。それぞれ固有の教育目的をもち，またそれぞれ固有の実践的特徴をもっている。その4つの教育分野の特徴を，そこに見られる教師の「指導者特性」に着目して分析すると，次のようになるだろう。

「教科」の指導は，子どもたちがこれからの人生を生きていくうえで必要となる，基礎的な知識や技術を伝達し定着させることを目的としている。いうまでもなく，その知識や技術の内容は，学習指導要領に基づいて教師の側であらかじめ設定されている。子どもたちは，教師から伝達されるこうした知識や技術を，自己の内面に取り込み蓄える。もっとも，このような受け身の学習ばかりでは学習の名に値しないから，教師も，なんとか子どもの興味や関心を引きだし，彼らの自発的で能動的な学習を掻きたてようと努力はする。だが，あらかじめ定められた知識や技術の伝達を目的とする以上，そうした「教科」の指導の実践的特徴は，どこまでも教師主導にあるといってよいだろう。

　「道徳」の指導は，こうした「教科」の指導とは異なって，単なる道徳的知識の伝達に止まらない，子どもの道徳的態度の育成や道徳的実践力を培うことを目的としている。そのため，子どもの主体的な問題意識を覚醒し，彼らの能動的な学習を引き出すことは，「教科」の指導の場合とは比較にならないくらい重要な意味をもっている。子どもが学習の主体とならなければ，道徳的態度や道徳的実践力は身につくはずもないからである。したがって，教師は，子どもの身のまわりに道徳的実践場面を見つけ，それを子どもに知らせ，広げ，深め，考えさせることに心を砕く。だが，子どもたちを，どのような道徳的態度や実践力に導くかについては，「教科」の指導の場合ほどあからさまではないにしても，その主導権は教師の側にあるといってよい。子どもたちに身につけさせようとする道徳的態度や道徳的実践能力の内容自体が，大人社会に根をもつものであり，したがってそれは，教師の要求そのものでもあるからである。

　「特別活動」の指導では，少し事情が異なる。「特別活動」の目標は，「望ましい集団活動を通して，心身の調和のとれた発達と個性の伸長を図るとともに，集団の一員としての自覚を深め，協力してよりよい生活を築こうとする自主的，実践的な態度を育てる」（小学校学習指導要領）ことにある。ここに見られるように，「子どもたちの望ましい集団活動」と「子どもたちの自主的，実践的な態度」に力点をおいている点が，「教科」や「道徳」には見られない「特別活動」に固有の性格である。すなわち，「特別活動」は，「子どもの主体的な学習」を指導の軸においており，そこでは，あくまでも「子どもが主役」なので

ある。教師は，どちらかといえば，その援助者である。

　最近にわかに注目されるようになった「総合的な学習の時間」では，こうした「子どもの主体的な学習」は，さらに強調される。すなわち，「総合的な学習の時間」においては，「自ら課題を見付け，自ら学び，自ら考え，主体的に判断し，よりよく問題を解決する資質や能力を育てること」，および「学び方やものの考え方を身に付け，問題の解決や探求活動に主体的，創造的に取り組む態度を育て，自己の生き方を考えることができるようにすること」（学習指導要領）がめざされる。「学習の主体者としての子ども」と「それを援助する教師」という図式が，ここではより一層クローズアップされている。

　以上の考察から，学校教育の4つの教育分野は，教師の「指導者特性」から見て大きく2つに分類することができる。一つは，どちらかといえば教師の主導性が色濃く現れる「教科」および「道徳」の領域であり，二つは，子どもの主体性を強調し，教師はどちらかといえば援助的役割に回る「特別活動」および「総合的な学習の時間」の領域である。ここでは，仮に，前者をA領域，後者をB領域と呼ぶことにしよう。

2　「調整者」としての「指導者特性」の必要性

　ここでもう一度，先にみた「教授者」と「調整者」という，一般的な2つの「指導者特性」を思い起こしてみよう。上の考察からもわかるように，学校教育のA領域では，教師の「指導者特性」は，どちらかといえば，「教授者」としてのそれである。それに対して，B領域での教師の「指導者特性」は，「調整者」としてのそれということになる。そして，「総合的な学習の時間」の設置にも現れているように，B領域の広がりは今日の教育動向でもあるから，これからの学校の教師は，これまでのような「教授者」としての「指導者特性」に止まっているわけにはいかなくなる。もう一つの「調整者」としての「指導者特性」をあわせもつことが，今日の教師に大いに期待されているのである。いいかえれば，学校教師に求められる「指導者特性」のなかに，社会教育の指導者にも似た「指導者特性」が日ごとに拡大してきているともいえる。

　ところで，B領域である「特別活動」において，「教師の指導者特性」は，

本来は「調整者」としてのそれといってよいが、そのことは、これまで必ずしも十分に意識されてはこなかった。多くの教師たちは、B領域である「特別活動」においても、A領域で期待される「教授者」としての「指導者特性」をもちつづける傾向があった。たとえば、教師が笛を吹いて子どもたちを動かす運動会、教師と旅行社で企画し運営する修学旅行、それに形式にこだわりすぎる子ども不在の儀式的行事など、それは長い間、教師主導のもとで行われてきた。児童会や生徒会活動、それにクラブ活動や学級活動のなかでは、これまでにも、「子どもが主役」の場面はわずかに見られた。だが、それとても、多くの場合は教師が後ろで糸をひく、いわば子どもを操作する色彩が強く、「子どもが主役」の不徹底さが目立っていた。

「特別活動」は、今や、次のような現代的な意義をもっている。その一つは、少子化による兄弟姉妹数の減少と地域の仲間集団の衰退が一般化したために、子どもたちが、自発的な集団での遊びを通して、社会性、責任感、協力的態度、自主性、実践的能力、自律性などを高める場をもつことができにくくなっているということ。二つは、今の子どもたちは、勉強やスポーツやお稽古で大人から過剰な期待をかけられ、多忙さの中でゆとりを失っているということ。そのため、彼らは、自分から主体的に何かをやる場面を欠き、したがって、主体的な行動力を弱めてきている。いずれも「生きる力」の根幹を成すものであるが、それをどのように回復し育てていったらよいか。「特別活動」に課せられた、重要な教育課題といわねばならない。そうであればなお一層、子どもを学習の主役へと導くことのできる、教師の「指導者特性」のあり方が、これからの「特別活動」のなかでより厳しく問われることになる。

③ 事例に見る「調整者」

1 野外合宿の仕掛け人

ここで、「調整者」教師の姿がとりわけ鮮明に現れている事例をもとにして、さらに考察を深めてみよう。

夏の臨海学校や林間学校は、特別活動の集団宿泊的行事の一つとして、これ

までにも多くの小学校で試みられてきた。ある小学校では，毎年，一年生から六年生まで各学年の児童一人ずつ，計6名から成る小集団を組んで，高原での一泊二日の野外合宿を行っている。異年齢の子どもたちで構成される，いわゆる縦割りグループによる野外合宿活動である。全校で700名余の児童数がいる小学校であるから，一度に全員で行うというわけにはいかない。第一陣，第二陣，第三陣といったふうに，数回に分けて実施している。

　この野外合宿では，テント張り，飯ごう炊飯，余興大会に向けた出し物の練習，とすべて6名のグループが単位となって活動する。もちろん，事前の計画や準備についての話し合いも，数週間前から校内でみっちり行う。ここで，六年生と五年生の2人はペアを組んで，グループ全体の指導的役割を果たすとともに，とりわけ四年生と三年生の2人を指導する。彼らを自分たちのサブリーダーに仕立て上げるために，である。そして，そのサブリーダーとしての四年生と三年生の2人は，ペアを組んで，幼く非力な二年生と一年生の面倒をみる。こうして，6人の子どもたちは，きょうだい同士にも似た協同の仲間集団に成長し，自発的な活動を行い自立の力を身につけていく。

　高原の合宿では，テント張りに時間のかかるグループや火が起こせなくて炊飯に手間取るグループなど，いろいろなハプニングも起きる。その場合の解決は，基本的にはすべて，グループの責任に任されている。あるグループで，こんなことが起きた。

　「今年の野外合宿は，とくにおもしろかったです。なぜかというと，行く直前の前の日になって，六年生と五年生のお兄ちゃんたちが急に風邪をひいてダウンしてしまい，合宿に行くことができなくなりました。ぼくたち四年生と三年生の2人は，とてもあわてましたが，力を合わせてなんとか頑張ることにしました。朝の駅での待ち合わせでは，集合時刻よりもずいぶん早く行きました。二年生と一年生の仲間が万一遅れて来たときに，電話をしたり，いろいろできるようにするためにです。高原の活動では，2人ともよく協力してくれたので，ぼくたちのグループは4人しかいませんでしたが，なんでも早くやることができました。なんだか，お兄ちゃん

になったようで，とても気持ちよかったです。」（事後の子どもの声から）

　誇らしげな子どもたちの顔が，浮かんできそうである。
　さて，このような野外合宿のなかで，教師はつねに背後にいる。彼らは，子どもの活動を見守り助言する役割に徹している。もちろん，このような行事の仕掛け人は教師であるが，仕掛けた後の行為は，子どもたちの同伴者であり援助者である。いいかえれば，子どもたちの自立を育てる「調整者」である。

2　修学旅行の総合コーチ

　もう一つ，別の実践事例を紹介しよう。
　制服姿の修学旅行生が，新幹線のコンコースにずらりと居並ぶ。教師が汗だくになって，メガホン片手に大声で指示を与えている。旅行会社の添乗員とおぼしき人が，それに協力して走り回っている。よく見かけるおなじみの風景である。おそらく諸外国の学校教育では例をみない，宿泊をともなう旅の団体行動の一コマである。そこでは，事故やトラブルに巻き込まれずに，子どもたちを無事につれて帰ることこそが最大の目標になる。どこで何を見学させ，どのような収穫を得させるかは二の次である。そうした修学旅行の引率は，教師にとってもあまり愉快なものではない。
　このような伝統的な修学旅行が今なお顕在である反面，最近では，子どもたちの主体的な計画や行動を中心にすえた試みも，少なからず現れている。ある中学校で，次のような取り組みを行っている。
　地方都市にあるその中学校では，修学旅行で東京に行くのを習わしとしている。だが，単なる東京見物ではない。そこには，子どもたちの冒険がいっぱいある。また，子どもたちの日頃の生活にはない，大都会であるがゆえの危険がいっぱいある。教師にとっては，ハラハラドキドキの緊張の宿泊行事である。
　まず，学級のなかに修学旅行時だけの臨時のサブグループを多数設ける。大都会東京のどこを訪ね，何を見，何を得て帰るか。そうした目的達成に関連する課題を子どもたち自身の手で列挙し，各自が選んだ課題ごとに集まってグループをつくるわけである。学年や学級の統一テーマをもち，東京に着いたら

そうしたグループに分散し，それぞれのグループごとに自分たちで選んだルートを探索し調査する。もちろん，物資の調達，昼食の手配，記録，撮影，連絡など多くの仕事をメンバーで分担する。そして，旅行後に各グループごとの成果を持ち寄り，全体のテーマにそった修学旅行日誌を学級ごとに作成する。

　このような修学旅行の，教師の役割は，どのようなものであろうか。①子どもたちが立てる探索計画や準備作業を側面から援助する，②子どもたちの小グループを大都会東京に放つとともに，ホテルに待機して子どもたちからの不測の事態についての電話相談に対応する，③グループの活動や旅行全体の動きを把握・管理・調整する，④旅行から帰った後の，子どもたちの日誌づくりを援助する，などが考えられる。

　ここに見られる教師の「指導者特性」は，修学旅行の全体の仕掛け人であるとともに，子どもたちの小グループの個々の活動を，修学旅行全体の活動へとまとめ上げていく，いわば「総合コーチ」といってよいであろう。

3　アイデアと柔軟な指導姿勢

　このような2つの事例から，私たちは何を学ぶことができるだろうか。

　一つは，特別活動の教育実践はなによりも，教師の側のアイデアにかかっているということである。子どもの主体的で自発的な活動を前面に押し出し，それを支え実らせていくためには，どんな活動内容を提示したらよいか。そのためのアイデア次第で，子どもたちの活動は生き生きもするし，しぼんだりもする。野外合宿にしても修学旅行にしても，これまではとかく，前例を踏襲した教師主導のものが多かった。教師は，あたかも教科や道徳の指導に当たるのと同じ姿勢で特別活動にも臨む傾向があった。上の事例は，私たちに，子どもたちの主体的な活動が十分に予想されるアイデアをもつことの重要性に，あらためて気づかせてくれる。

　二つは，教師の柔軟な指導姿勢がいかに重要であるかに，私たちの目を開かせてくれる。子どもの主体的な活動を育てるためには，教師は，子どものそうした活動の背後に控え，そうした活動の援助者であるとともに促進者，つまり子どもの活動のコーディネーターとならなければならない。教師は，そのため

の知識や技術や豊かな経験をもつことが必要である。そうした「調整者」としての教師の力量形成が，これからますます問われることになるだろう。

４ 教師の「指導者特性」の拡張

1 社会教育との融合

　特別活動において求められる，「調整者」としての「指導者特性」は，これからますます拡張していくことが予想される。学校教育と地域ないし社会教育との連携・融合の必要性が，次第に高まってきているからである。

　まず第一に，今日の生涯学習の高まりのなかで，学校教育の開放が強く求められている。学校は，自らが保有する施設，設備，教育機能などの教育的財産を，地域の学習活動や社会教育に広く開放することが求められている。体育館やグラウンド，プール，空き教室などを地域の社会体育や学習活動のために役立てる，必要に応じて教師を指導者として派遣する，「成人のためのパソコン教室」といった地域向けのさまざまな開放講座を開く，などがこれにあたる。

　第二に，いうまでもないことだが，地域には多くの教育資源が存在している。地域の自然，歴史的遺跡，文化財，図書館・博物館・公民館などの社会教育施設，伝統的な地域行事，それに地域生活のさまざまな領域に見られる有識者，その道の名人・達人といった地域指導者，などがこれである。それらを学校教育に取り入れ活用することによって，学校教育は大いに活気を帯びる。

　第三に，学校教育と地域の社会教育活動とが共同で創り出す，新しい教育領域が出現している。青少年の体験活動を学校と地域が共同して育てる，学校行事と地域の伝統行事をドッキングしておこなう，「総合的な学習の時間」を学校教育と社会教育が一緒になって開発する，など考えていけばきりがないくらいである。

　このなかで，第一と第二の動きは，一般に「学社連携」（学校教育と社会教育との連携）と呼ばれ，第三の動きは，それをさらに一歩進めた「学社融合」（学校教育と社会教育との融合）と呼ばれる。

　さて，このように，これからの学校教育は，地域の学習活動や社会教育と密

■第1部　個性をひらく特別活動の基礎理論

接な関わりをもちながら大きく変わっていくであろう。とりわけ,「学社融合」が進むことで,外部との遮断を特徴とし,閉鎖的な色彩の強いこれまでの学校の姿は,その根底から変化することになる。学校は,地域の学習活動や社会教育と手をたずさえて,地域の子どもや成人の学習に貢献する「生涯学習体系」のなかの一機関に変貌する。

　以上のような文脈のなかでこれからの学校教育をとらえた時,特別活動と「総合的な学習の時間」,すなわち先の分析によるB領域は,「学社融合」と最もフィットする領域だといえよう。子どもの主体的な学習活動は,その延長線上にしばしば地域での活動を必要とするようになるからである。こうして,子どもの主体的な活動の育成は,地域との協同や地域の助けがあって初めてより豊かになる。地域の人たちと協同して特別活動を行っている実践例をもとに,さらに詳しく考察してみよう。

2　「地域協働合校」の試み

　滋賀県草津市では,市全体で「地域協働合校」というユニークな実践を展開している。こんなことをやっている。

　たとえば,草津市のある老人クラブでは,自らの学習活動の一環である人権学習を,小学校の授業に祖父母学級を設けて参加し,そのなかで行うことを思いついた。学校側も賛同して進められたこの授業は,一面では学校教育であるが,他面では社会教育でもある。また,これがきっかけになって,高齢者たちの学校教育への参加の機会が広がった。すなわち,日頃の自分たちのサークル活動で身に付けた技量を生かして,ボランティアとして児童のクラブ活動の指導にあたるようにもなった。子どもの学習活動と高齢者の学習活動との融合である。

　また,社会教育の一環として,小学校のPTA祭と地域の祭とを融合させて行った実践もある。子どものアイデアを学級活動のなかで成熟させ,それをPTAが援助し,公民館が資材を提供し,地域のみんなで祭をつくる。こうして,地域の子ども,教職員,成人,高齢者といったふうに,世代間の交流を通して,相互の知恵の出しあい,学びあいが活発になっている。

草津市は，小学校区ごとにその地域特性にそったこのような実践を積み重ね，まち全体を一つの「協働合校」にしていくことをねらっている。ここでいう「協働」とは，「同じ目的のために，協力して働くこと」を意味し，「合校」（がっこう）とは，「学校のみならず，地域のさまざまな機関や場所で，教師と保護者と地域の人々が力を合わせて，児童・生徒に計画的継続的に教育を行う姿や状態のある地域」をさしている。その目的は，まず，「青少年の健全育成を図るため家庭・地域・学校が大同団結して，力を結集すること」にある。次に「地域の学校や公民館などにおいて，学校の先生だけでなく，地域の大人の力で子どもたちを指導し，大人自身も高まること」であり，さらに，「子どもの学びと大人の学びが交わり合って，責任を自覚し，ともに生き，喜びを得る地域社会をつくること」にある。

草津市のこうした「地域協働合校」の取り組みは，先にみた「学社融合」の典型例ともいえる。そのなかで，特別活動と地域の社会教育活動とが融合したものをあげてみると，「デイケアセンターの訪問」「地域のまつり」「遠泳大会」「種まきの会」「ふるさとと心を結ぶ集い」「室戸台風殉難慰霊式」「ちいき音楽祭」「ふれあいグランドゴルフ」「文化祭・手話を学ぼう」など，じつに幅広い領域で行われている。いまや，特別活動は，学校という閉じられた教育空間のみで行われる活動ではなく，身近な地域にも活動の舞台を広げつつあるのである。

3 地域と結ぶ「指導者特性」

このように，特別活動が地域に向かって広がりはじめると，それを指導する教師の「指導者特性」もまた新たな様相を帯びてくる。それは，地域と結ぶ，次のような「指導者特性」として特徴づけられる。

第一に，教師は，なによりも地域をよく知る人でなければならない。地域の教育資源にたえず関心をもち，機会あるごとに地域の人と交わり，地域に生きる姿勢を積極的に示すことが大切である。そうでなければ，地域的広がりをもつ特別活動の展開は，とても困難である。

第二に，教師は，子ども会活動やスポーツ少年団の活動，地域の祭や伝統行

事での子どもの役割，それに公民館や青少年施設などの社会教育施設が催す子どもを対象とする事業など，地域での子どもの体験活動に関心をもち，時にはそれらの指導者にもなることである。そのことが，地域と共同で生み出す特別活動の実践をより容易にするであろう。

　第三に，教師は，「地域とともにある学校」を経営する技術をもたなければならない。これまで学校経営といえば，学校内部のことに限られていた。だがこれからの学校経営は，地域と結ぶ視点を欠くことはできない。地域に広がる特別活動の構想や実践も，そうした広やかな学校経営のなかでこそ実り多いものになるであろう。

　このように考えてくると，特別活動における教師の「指導者特性」も，これからは，先に考察した「調整者」の一層の拡張として捉えることができる。すなわち，教師は，子どもの学習の「調整者」であるだけでなく，地域との関係を多方面からコーディネイトする，学校と地域，および社会教育を幅広くつなぐネットワーカー的色彩をもつ「調整者」でもある。

参考文献
(1) 片岡徳雄編『特別活動論』（教職科学講座　第14巻）福村出版，1990年。
(2) 高旗正人・倉田侃司編著『特別活動』ミネルヴァ書房，1994年。
(3) 住岡英毅『生涯教育の人間関係』アカデミア出版会，1985年。

推薦図書
(1) 片岡徳雄編著『全員参加の学級づくりハンドブック』黎明書房，1982年。
(2) 溇口俊・住岡英毅・山崎博敏・村上光朗編著『全員参加の学級・授業づくりハンドブック小学校1，2年編』黎明書房，1990年。
(3) 讃岐幸治・住岡英毅編著『生涯学習』ミネルヴァ書房，1994年。
(4) 今野雅裕編『学級と地域のネットワーク』ぎょうせい，1998年。

　　　　　　　　　　　　　　　　　　　　　　　　　（住岡英毅）

第2部
個性をひらく特別活動の内容と展開

第5章　教育課程としての特別活動

　特別活動は教育課程において,「もう一つの教育」として重要な位置にある。本章ではまず,教育課程における特別活動の位置づけを3つの観点から明らかにする。それは,「ツーリストからトラベラーズへ」,「全員出席型から全員参加型へ」,「まとめるからひらくへ」などの標語で説明される。このような教育課程における基礎・基本を基底にして,学習指導要領において特別活動は,どのような原理で教育課程が構成されているのだろうか。それを4つに整理して述べる。すなわち,「豆腐づくりよりも納豆づくりを」,「知るから識（し）るへ」,「損在感から尊在感へ」,「地域連携から融合へ」である。総じて,これらは本章以下の各章の鳥瞰図ともなるであろう。

１　今,問われる「もう一つの教育」

　教育課程上,特別活動は「もう一つの教育」としての性格をもっている。「もう一つの」とは,それが軽んじられているという意味ではない。それには教育課程上,学校教育課程の大部分を占める教科の教育では得られない特異性を含んでいるという意味が込められている。教育課程における革新性を期待されて創設された総合的学習と特別活動のねらうところは,実は同じといってよいのである。すなわち,両者の教育課程としての成立根拠はともに,「自立への基礎を養う」という点にある。（第11章参照）
　より厳密にいえば,ここで「じりつ」とは2つの意味がある。他人に依存しないで生きる精神的な独立,という意味での「自律」と,他人に迷惑をかけないなど社会人としてのアイデンティティの確立,という意味での「自立」である。この2つの「じりつ」が今日,子どもたちのなかでむしばまれている。
　子育て環境の悪化という社会状況のもと,学校教育における特別活動への期

待はますます大きくなっている、といわねばならない。

　たとえば、神戸の小学生惨殺事件以来、相次いで起こっている少年による理解しがたい凶悪な事件。一連の事件を起こした背景には、共通のものがある。小学生惨殺事件を起こした少年は、まさに自らを「透明な存在」とうそぶいている。精神科医やカウンセラーが第一に指摘するのは、彼らにはまるで生活実感がなく、テレビドラマやテレビゲームなどのバーチャル感覚の世界（仮想現実）に我が身を置いている、ということである。

　しかし、このことは彼らに限ったことではない。今日、多くの子どもたちが、生活のリアリティをもてないでいる。つまり、現実世界とバーチャル世界との間の境界線がなくなり（ボーダレス化）、「自分は生きている」という確かな生活実感がもてないでいる。しかも、バーチャル世界の象徴ともいえる偏差値が、社会一般に最もリアリティあるものとして扱われ、子どもたちもそれに縛られている。その結果、子どもたちの多くが、自分の「よさ」を見出せないでいる。社会を生き抜く自信や将来への夢や生きる希望も、もてないでいる。

　その反面、思いやりやいたわりといった人間的なものが失われ、「いじめ」が横行している。自分自身の「よさ」が見出せないでいる子どもたちは、他者に対しても同様に、その「よさ」や生き方を認めることができないでいる。

　このような社会的風潮だからこそ、教科に対する「もう一つの」学校教育である特別活動の理念が今日、社会に求められているといえよう。その主なものだけでも、次の3つをあげることができる。

(1)　生活実感を大切にして、<u>体験的に物事を考える人間をつくる</u>ということ。

　特別活動は、体験活動という言葉がキーワードである。しかも、各教科のそれと違って、特別活動では、子どもたちの現実生活の絆のなかで、問題解決的な場に応じた体験活動が仕組まれる。自己の生活体験を認識し意識化することを「メタ認知」という。特別活動はその点、生きているという実感や生きることの意味を体験活動を通して意識化させるのである。特別活動は、「よりよく生きる」ことを共有し合う仲間との相互交流活動、ともいえるのである。

(2)　各自の行動をコントロール（制御）できる、<u>プログラミングした自分なりの基本ソフトをもたせる</u>ということ。

■第2部　個性をひらく特別活動の内容と展開

　人間は他の動物にはない，非常に異なる特性をもっている。それは，人間は本能などではなく，あらかじめ組み込まれた自分の行動を制御するプログラムに基づいて行動するということである。特別活動では，集団活動のなかで自発的，自治的な活動が取れるように指導される。こうして，子どもたち一人ひとりに，プログラミングするための各自の基本ソフトがつくられていくのである。

　(3) 観念的な価値指導ばかりでなく，生活場面で「よりよく生きる」ために必要とされる実践的な技能（スキル）の育成が図られるということ。

　子どもたちは今日，自分の思いや願いをどのような手続きによって具体化すればよいかという処方箋を知らないか，または，それをもたないでいる。道徳的態度も，生活との関連付けにおいて「生きる力」につながるはずである。特別活動では，他者との交流技能であるコミュニケーション・スキルや，生活への適応技能であるライフ・スキルの育成を図ろうとする。（第10章参照）

　ここでは，これら特別活動の今日的意義を，教育課程における各教科（授業）に対する「もう一つの教育」という観点から，とらえ直してみたい。

　ともすれば，特別活動の意義をレクリエーションなどの「気晴らし効果」に見出そうとする傾向もある。しかし，それはあくまでも，「付録としての特別活動」でしかない。教育課程としての特別活動は今や，21世紀学校教育の鍵を握る存在，といっても過言ではない。特別活動の教育課程における基礎・基本とは何か。以下，3つの観点から，標語にして述べたい。

2　教育課程における3つの基礎・基本

1　「ツーリスト」から「トラベラーズ」へ

　「第二の学校」という言葉がある。この言葉は，もともとアメリカの教育界で，今日の「特別活動」の前身とも称すべき課外活動を指して使われた言葉である。アメリカの教師は当時，教科の教授のみを任務としていた。したがって，彼らは教科の教授以外の分野で子どもたちが何を行おうと責任はないと考えて，放任していた。そこで，子どもたちは自分たちだけで仲間組織をつくり，さまざまな活動を展開したのである。これは完全な自発的・自治的活動であったか

ら，子どもたちの意識の中では，教師の教授する正規の授業に対して「第二の学校」と映っていたという(2)。

　特別活動を指して「第二の学校」というのは，それを軽視しているからではない。「課外活動」といわれていたものに，固有の教育的価値を認め，一定の価値付与をしたのである。その後，積極的に学校教育の正規の課程の中に取り上げて活用する方がよいとする考えが普及し，教育課程化され，今日に至っている。つまり，特別活動は「自立する子ども」の育成を目標とすることの意義を学校教育に教えてくれたのである。

　では，「自立への基礎を養う」体験活動とは，どのようなものであろうか。それは，いわば「トラベラーづくり」によるものでなければならないと考える。トラベラー（旅人）は，各人が思いや願い，さらにはこだわりをもって主体的に行動し，それらを実現するために自分の力でさまざまな問題解決をしていく。また，トラベラーは旅先で，自己の生き方を振り返り，新たな自分を発見するなどして（メタ認知），「新たな生活の展開への動機付け」とする。

　特別活動に期待される体験活動は，こうしたトラベラーづくりなのである。

　特別活動は，「望ましい集団活動」を「目標」に掲げている。したがって，その場合，複数形でトラベラーズといった方が，ふさわしいかもしれない。

　トラベラーズという言葉は，実はツーリスト（団体旅行客）に対比して使っている。ツーリストは主体性のないまま，ただ添乗員や指導者の指示通りついていくことが多い。子どもたちは今日，ただいわれるままにしか行動できないツーリスト型の人間になっている。また時には，その裏返しとして，そうしたツーリストとして付き従うこと拒否し，やみくもに反発するかである。それが，学校教育において「生きる力」が叫ばれるようになった所以でもある。

　教科中心の教育課程のなかで，特別活動が異彩を放つ根拠の一つは，この「トラベラーズづくり」にあるといえるであろう。それは，「教科の論理」に対する「教育の論理」と，いい換えることもできよう。

　教科はどちらかといえば，主体性のないツーリスト（団体旅行客）的な性格のものになりやすい。わが国に特徴的な教師主導による発問中心の一斉指導授業も，実はツーリスト型の典型的なタイプである。すなわち，教師の「これが

わかる人？」という発問に対して，一斉に子どもたちが挙手して，反応する。それゆえに，この授業形態は，「画一的」という言葉で一般に形容される。すなわち，この授業形態では，「同じこと（課題）を」「同じやり方で」「みんな一緒に」が原則となる。教師が引っ張るという点で，手綱（たづな）型，教師の発問に児童生徒が自動的に反応する授業形態という点で，暗誦（recitation）型である。また，反復的なやりとりという意味で，オウム型ともいわれる。

　1998（平成10）年学習指導要領のキーワードの一つが，「体験活動」であり，体験活動は今や，特別活動に限ったものではない。本学習指導要領では，各教科，道徳，特別活動のすべての教育課程において，この言葉が基本となっている。しかし，同じ「体験活動」といっても，このようにツーリスト型とトラベラー型とでは，その質を異にしていることに留意する必要がある。[3]

2　「全員出席」型から「全員参加」型へ

　さらにいえば，ツーリストづくりでは「全員出席」の論理が大切にされ，トラベラーズづくりでは「全員参加」の論理が大切にされる。「全員出席」と「全員参加」は教育現場では，実際には混同して使われている。だが，両者はまったく似て非なるものなのである。

　「全員出席」では一律に，強制的に各自を一定の枠にはめ込もうとする。そのため，例外を許さない。たとえば，ベル着（チャイム着席）競争や全員発言競争などに，それは見られる。それに対して，「全員参加」では，全員が強制によらず，多様な参加の仕方が認められており，各自の個性的な持ち味を出し合いながら，主体的に参加できる。今日では，教科の進め方も全員出席によるツーリスト型から，全員参加を保証するトラベラー型へと移行しつつある。いわゆる授業のパラダイム転換である。「学校教育が変わる」というとき，特別活動はその一つのモデルであり，パラダイム転換のエネルギーともなる。

　「全員参加」を保障するためには学級には，「一人一役」や「係の輪番制」などど，一人ひとりの関心や資質に応じた出番が保障される必要がある。また，評価も一律な尺度（ものさし）によってではなく，多様な観点による尺度が用意される必要がある。（第14章参照）

ある意味で，学校行事での子どもたちの姿は，全教育課程の集大成・総括といえるかもしれない。「児童の参加」の精神は，学校行事が特別活動に組み入れられたときから，一貫して盛り込まれてきた。しかし，学校行事は特別活動のなかで，儀式的行事，学芸的行事，健康安全・体育的行事，遠足・集団宿泊的行事，勤労生産・奉仕的行事のどれをとってみても，「全員参加」の集団活動とは遠いように見える。たしかに，儀式的な行事には，儀式的な行事の目的がある。「学校生活に有意義な変化や折り目を付け，厳粛で清新な気分を味わい，新しい生活への展開への動機付けとなるような活動を行うこと」（学習指導要領「特別活動」）というようなことである。

　しかしそれは，子どもたちを単なるマス（大衆）として受け身の立場に置くということではない。学校行事においても，すべての子どもたちが，集団活動のなかでより満足のいく自己実現を生むように，工夫されていなければならないのである。（第9章参照）

　たとえば，卒業式においも，「一同入場」「一同礼」といった「一同方式」から，「呼びかけ方式」への工夫がなされるようになった。「みんなの心が今日，ステージの上で一つになったような気がする」など，学校行事でも，子どもたちに「自分でやりとげた」という自己成就感・自己達成感や，「自分も役に立った」という自己効力感・自己有用感を感じさせるような工夫が必要である。「全員参加」を促すような集団運営が行われなければならないのである。

3　「まとめる」から「ひらく」へ

　学校教育はどちらかといえば，一つに「まとめる」という指向が大切にされる。それは，生徒指導面ばかりではない。各教科の授業も，「いかに特定の結論へと子どもたちを導くか」という側面をもっている。その過程において思考の多様性なども尊重されるが，最終的には一方向へと結論が収束，収斂されていくのが一般である。こうして各教科では，授業過程の結果や到着点が問題となるのである。「こういうことができるようになったね」「こんなことがわかったね」というように，各教科では授業を通して，技能（できた）や知識理解（わかった）の獲得がめざされる。各教科における，こうした授業のもつ特

性・指向性を,「まとめる」という言葉で包括することができよう。

　それに対して, 特別活動の場合は,「(外に) ひらく」あるいは「(学びを) ひろげる」という特質および指向性をもつ。たとえば, 低学年から高学年へと, また, 学級活動や総合的学習から児童会活動へと, 活動が発展するのである。すなわち, 上学年の子どもが自分の今までの経験を生かしてリーダーシップを発揮しながら, 下学年の子どもに支援やアドバイスをする。また, ときには直接, 指導もする。ここに学校内に年齢や学年を超えた「ひろがり」, すなわち豊かな人間関係やかかわりができるのである。

　こうして特別活動は, 人や自然および社会, そしてもの (対象) に対して, つねにひらき, ひろげようとする姿勢や態度の育成をめざす。特別活動において学級活動などで, 子どもたちは, 学級や学校での豊かで充実した生活に向けて, 自発的, 自治的に問題解決を図っていくのである。

　クラブ活動なども, その典型といってよいであろう。クラブ活動は, 年齢の違う子どもたちが同じ興味・関心のある活動に一緒に協力し合って取り組む。クラブ活動はまた, 地域や地域の人たちと関わる最適な機会でもある。地元にはその地域ならではの「教材」や「学習材」が転がっている。それらはクラブ活動にとって, 宝の山である。たとえば, 陶芸の町では焼き物クラブ, 地元の名産が緑茶の栽培である学校では「お茶クラブ」, 郷土芸能の面浮流の里では「ふりゅうクラブ」など, いくつも考えられる。(第8章参照)

　このようにクラブ活動は,「開かれた学校」の一つの接点として機能する可能性を大いに秘めている。また, 地域人材も豊富である。○○名人とか○○博士とかいわれる地元の達人・逸材や名士がたくさんいる。クラブ活動においてそういった人達に来てもらって, 活用することができよう。

３　新教育課程における４つの構成原理

　以上述べたような3つの基礎・基本に支えられて, 特別活動は成立している。では, こうした特異性の上に立って, 特別活動において, 教育課程として課題とされているものは何であろうか。それは, 端的に現学習指導要領において見

ることができるであろう。以下，1998（平成10）年学習指導要領の特別活動において教育課程を構成した「原理」を，4つにまとめて述べておきたい。

1 豆腐づくりよりも納豆づくりを
──「個」が「孤」に，「集」が「衆」にならないように

今日，社会全体に利己的・個人主義的な社会的風潮が増殖されている。また，社会には個性に関してそれを，他者との違い，すなわち多様性ととらえる誤った見方や認識がある。そこで，教育現場でも一部に，個性を許容の幅の問題ととらえる傾向がある。具体的にいえば，個性が自己表出や自己表現（self-expression）といった多様性の問題として取り扱われている。

しかし，個性とは本来，自らの「よさ」に向かって一生懸命がんばるという自尊感情（self-esteem）に関わる人格形成における主体性の問題なのである。「個性尊重」とは，個性的に生きた，すなわち人生を主体的に生きた結果としての人格の多様性を認め，尊重しようとするものである。だが一般には，個性をユニークさなど多様性ととらえる個性観が流布し，個としての確立のない利己的・個人主義的な傾向にさらに拍車を掛けているといえる。

それは子どもたちの社会にも反映している。したがって，改めて「生きる力」の育成が叫ばれるようになったのである。たとえば，学級の集団としてのまとまり状況を見ても，「個」と「集団」が共存していない教室が多く存在する。学級における「個」と「集団」の関係も，「個」が孤独の「孤」に，「集」が群衆の「衆」になっている傾向は，はたしてないだろうか。学級の「荒れ」問題など，この傾向はさらに強まろうとしている。そこで，「豆腐づくりよりも納豆づくりを」という提言をしたい。

豆腐も納豆も，原料は同じ大豆である。だが，豆腐の方は，大豆はすりつぶされていて，一粒一粒が見えてこない。他方，納豆の方は，大豆の一粒一粒が生きている（主体化・個性化）。しかも，納豆は互いに連なり，粘り合っている（社会化・連帯化）。集団との関連において（連帯性），個が輝き合っている（個性）。「納豆づくり」こそ，特別活動のあるべき姿ではないだろうか。

今日の子どもたちの状況は，大豆をすりつぶした豆腐の状態に近いといえよ

う。「顔の見えない子どもたち」という言葉通り，子どもたちの一粒一粒の顔が，見えなくなってきている。集団のなかで互いに主体的に関わりながら，自らの存在感を表すことをしなくなってきている。社会的風潮といえばそれまでだが，集団として「共に生きる」ということができなくなってきている。

　体験活動といっても，特別活動においては，それはあくまでも集団活動においてなのであり，個別の一人ひとりの単位ではない。「集団」に積極的にかかわろうとする「個」であり，そしてまた，「個」の生き方を応援し，支えようとする「集団」でなければならない。したがって，先に述べたようにトラベラー（単数形）ではなく，トラベラーズ（複数形）なのである。

　個性尊重が叫ばれるなか，かつて管理主義と揶揄された教育は影を潜めるようになった。しかし，子どもの人権保障の視点に基づく，集団としてのある種の「まとまり」は求める必要がある。もっと具体的にいえば，画一的，管理的に子どもを縛ろうとする「統制的まとまり」は排除すべきだあるが，互いにそれぞれの個性を生かそうとする「調和的まとまり」は必要なのである。「望ましい集団活動」を機軸として展開される特別活動においては，この「調和的まとまり」の成立なくして，特別活動それ自体が成り立たない。

　特別活動は，「望ましい集団活動を通して，児童・生徒の自主的，実践的な態度を育てること」にねらいがあることに留意しなければならない。その場合，学級活動(1)「学級や学校の生活の充実と向上に関すること」はとくに，主として児童・生徒の自発的，自治的な実践活動をその特質とする。したがって，学級活動の内容(1)は，特別活動の諸活動のなかでもとりわけ，全教育課程における特別活動の存在意義を根拠づける，大切な活動の一つなのである。

　しかし，この基礎・基本が今日，揺らごうとしている。こうした危機感から，学習指導要領ではこれまで以上に，真摯にこの問題を受け止めている。学級活動(1)の重視など，自発的，自治的な活動の一層の促進を目指している。

　すなわち，学級活動(1)の内容の例示（「学級内の仕事の分担処理など」）に新たに，「学級内の組織づくり」や「集団の生活の向上」などが加えられたのである。中学校の場合も，「特別活動」ではとくに，社会の一員としての自覚を深め，社会生活上のルールの尊重や責任感を高めていくことが新たに重視され

ることになった。（第7章参照）

2 「知る」から「識る」へ――共感的理解という「やさしさ」を

　先に述べたように，学習指導要領のキーワードの一つは「体験活動」である。特別活動に関しても，「幼児，高齢者，障害のある人々などとの触れ合い，自然体験や社会体験などを充実するように工夫すること」（「学習指導要領・特別活動」第3・2・(4)）とされている。

　しかし，特別活動は従来から，「望ましい集団活動」の一環として体験活動を重視してきた。集団活動の内容には，集団生活への適応，自然との触れ合い，勤労やボランティア活動など社会奉仕の精神の涵養などにかかわる体験的な活動が含まれる。1998年の改訂では，「ボランティア活動」という言葉が学習指導要領に明記され，体験活動の一層の充実が謳われている。すなわち，「勤労の尊さや生産の喜びを体得するとともに，ボランティア活動など社会奉仕の精神を涵養する体験が得られるような活動を行うこと」（「小学校・特活」第2・D・(5)）とされている。今なぜ，体験活動なのであろうか。

　「勤労生産・奉仕的行事」で稲作りを体験した小学5年の子どもたちが，その間指導してくれたJA（農協）のおじさんに心から叫んだ。「農業って，すごい。何もないところから，こんなおいしい米ができるなんて。おじさんの手を触らせて。おじさんはこんなすごいことを，30年以上もやってるんだ」

　ここで「しる」とは，「知る」ではない。あえていえば，「識（し）る」なのである。彼らは，農業の大切さを単に知識として知ったのではない。今日，子どもたちは，頭で知ることはあっても，自然体験や社会体験を通して，自らとの関わりにおいて体験的に「識る」ということが少なくなった。「知る」教育も大切だが，それ以上に「識る」教育が求められるようになった。

　ここには，何よりも体験的に「識る」ことで得た「やさしさ」がある。それは，「知る」から「識る」に向かう知的なエネルギーとして，共感的理解という「やさしさ」が介在するからである。ここで「やさしさ」とは，「どうすれば，もっとあなた（対象）に出会うことができるの」，「あなたのことを理解することができるの」という思いである。人が他者や自然を「識る」というとき

■第2部　個性をひらく特別活動の内容と展開

には，そこに「共感的理解」という「やさしさ」がともなうのである。[(6)]

　今日，子どもたちは他者（自然や社会を含む）に対して，思いやりをなくしたといわれる。だが他方，子どもたちは自然の懐に抱かれると，なぜか「やさしく」なる。では，子どもたちをやさしい顔つきに変えるのは何であろうか。

　自然体験学習において，子どもたちは，五感を使って，花や木に触ったり，匂いを嗅いだり，木を揺すって葉っぱのこすれ合う音を聞いたりしている。そこには，「どうすればもっとあなた（対象）に出会えるの？」という探求の気持ちが表れている。特別活動がねらうのも，この共感的理解としての「やさしさ」である。友達の「よさ」を見つけ，認めようとする態度も，ここにある。

　「あやとりは，幼稚園児には難しいと聞いたので，折り紙にしようかな」「ドッジボールは保育園ではみんなでできないから，下から投げる円形ドッジボールにしよう」。相手のことを思いやりながら小学4年生のある学級では，子どもたちが熱心に話合い活動をしている。子どもたちは，総合的な学習の時間（「チャレンジ1/2成人式！」）の発展で，保育園の園児との「ミニ交流会」に取り組んだのである。校区内の幼稚園，保育所，デイケアセンターを訪問，見学し，「力だめし・どんなことができそう会」を行っている。だが，それにとどまらず，今度はその体験をもとにしてミニ交流会を実施したのである。

　体験活動があればこそ，彼らは相手のことや交流先の状況などを思いやりながら，話合い活動ができたのである。この度の特別活動における「ボランティア活動」導入の思いも，ここにある。

3　「損在」感から「尊在」感へ——ガイダンス機能の重視

　日本の子どもたちは知的認知面では，世界の水準から見て優れていると思われてきた。しかしその反面，彼らの多くが，「よさ」に生きる自分を見出せないでいる。「その他」「お客さん」「おまけ」「付録」としか，自らの存在意義を見出せないでいる。いい換えれば，彼らにとって，自らの「存在」形態は「損在」でしかない，といえないだろうか。特別活動の用語でいえば，「自尊感情」の喪失状態に陥っている。無気力感から抜けられないでいる。マザー・テレサはこうした日本の子どもたちに対して，次のようなメッセージを送っている。

「だれからも必要とされていないという貧しさこそ，一切れのパンの飢えよりも，もっとひどい貧しさといえます」，と。

そこで，彼らを「損在」から「尊在」へと高めてやる取組が必要となった。特別活動がめざす子ども像は，自分の「よさ」に向かって精一杯生きようとする「尊在感」でいっぱいの子どもである。特別活動は，一人ひとりの自己実現をめざすものであり，子どもたちの自尊感情や自己効力感が保障されやすい。

学校生活への適応や人間関係の形成，選択教科や進路の選択などの指導に当たっては，学級活動等において，ガイダンス機能を充実することになった。つまり，学級活動(2)「個人及び社会の一員としての在り方，健康や安全に関すること」においては，ガイダンス機能を大切にして，集団に埋没することなく，個が個として輝くようになる配慮が強調されたのである。

とくに中学校では，人生に対する思いや願いをつくるための進路指導が，一層重視されている。『小学校学習指導要領解説・特別活動編』の記述では，「学級活動等において，児童が自ら現在及び将来の生き方を考えることができるよう工夫すること」とされている。それに対して，中学校ではさらにもう一歩踏み込んで，「学校生活への適応や人間関係の形成，選択教科や進路の選択などの指導に当たっては，ガイダンスの機能を充実するよう学級活動等の指導を工夫すること」とされている。他にも，「生徒指導の機能を十分に生かすとともに，教育相談（進路相談を含む。）についても，生徒の家庭との連絡を密にし，適切に実施できるようにすること」（「中学校・特活」第3・1・(2)），と記されている。

ここで進路指導とは，受験指導や就職指導に矮小化されるものでなく，「自分はいかに生きるか」という人生選択の指導である。自己発達への実感と可能性への自信をつかませなくてはならない。そこで，「人間としての生き方についての自覚を深め，自己を生かす能力を養う」（「中学校・特別活動」第1・目標）という小学校指導要領にはない文言が，中学校「特別活動」の「目標」には付け加えられている。（第12章参照）

この場合，特別活動としての特異性をきちんと踏まえておかなければならない。そうでなければ，特別活動が生徒指導や教育相談に横すべりしてしまう危

険性があるのも事実である。しかし、「生き方の教育」に関わっての進路指導は、特別活動の全般にわたって重なる部分が多いのも確かである。仲間と連帯し合って活動を進めるなかで、彼らは自分自身の資質や能力の向上の可能性を広げる。また、可能性を広げている自分自身に気づくのである。それができたとき、その子どもは人生の主役たる「トラベラー」になるであろう。

4　地域「連携」から「融合」へ――特色ある学校づくりに向けて

「特色ある学校教育課程」編成の工夫が唱えられている。「横並びからの脱皮」は、新学習指導要領全体としての大きなテーマである。その課題に関して、最も重要となるポイントが、「連携」のあり方である。

「連携」についていえば、1989（平成元）年学習指導要領の特別活動にも、それは盛り込まれている。だがそれは、どちらかといえば、学校が家庭や地域をいかに取り込むかという視点であった。いかにして学校に人々を連れてくるかが問題であった。現学習指導要領においてはさらに、学校が家庭や地域にいかに出ていくかが課題とされている。家庭や地域に対して、子育てへの自覚と責任を促すべく、情報の発信基地として機能しなければならない。つまり、連携の核としての学校の責務が大きくなったのである。これによって、子どものための家族ぐるみ、地域ぐるみの教育づくりがめざされることになった。

それは、旧来の「連携」という概念ではとらえきれないものである。ここでいう「連携」とは、実は「融合」なのである。融合とは、連携をさらに進めて、それぞれの役割分担を前提とした上で、両者の要素を重ね合わせながら双方向的に、それぞれの領域に踏み込み、一体となった教育の取組をいう[7]。

家庭・地域との「融合」を図るためには地域PTAなど、各学校の実態に応じた地域連携システムが機能していなければならない。何のための連携か。その目的が明確化され、それが学校・家庭・地域のそれぞれで共通理解されていなければならない。つまり、「同じ土俵」に立たせる作業が肝要である。

教師および学校側についていえば、学級経営や学校経営にかける自らの指導指針、すなわち教育ポリシーが問われることでもある。すなわち、「アカウンタビリティ（説明責任）」が教育活動の必須条件となったのである。

「特色ある教育課程」とは，他校にはない奇をてらった活動を組むことではない。何よりも大切なことは，各学校の実態に応じて，基本的な方針（ポリシー）を確立しておくことである。とくに，旗振り役としての管理職のリーダシップが問われるであろう。特別活動においてはとくに，取り組む内容が各学校に一任されている。それだけに各教科と異なり，基本的な原則について共通の認識をもっていなければ，指導の継続性や発展性がなくなってしまう。そこで，教師集団としての創意の結集が求められる。とりわけ，学校行事の重点化，行事間の精選化などの，弾力的な運用が課題とされる。（第13章参照）

引用・参考文献
(1) 新富康央「基礎講座・特別活動〈12〉」『道徳と特別活動』文溪堂，2001年3月号。
(2) 飯田芳郎『児童・生徒の活動』高陵社，1964年。
(3) 新富康央他編『体験活動を生かし個を育てる』黎明書房，2000年。
(4) 倉田侃司・新富康央編『子供の個性を開くストラテジー〈総合編〉』黎明書房，1997年。
(5) 「「学級の荒れ」の予防と対応」『児童心理』金子書房，2000年4月臨時増刊。
(6) 新富康央「豊かな生活体験と学ぶことを考える――「生きる力」と「識る力」」文部省小学校課編『初等教育資料』東洋館出版社，1997年8月号。
(7) 葉養正明編『学校と地域のきずな』教育出版，1999年。

推薦図書
(1) 片岡徳雄編『集団主義教育の批判』黎明書房，1975年。
(2) 宮川八岐『個を生かす集団活動と学級文化の創造』東洋館出版社，1997年。
(3) 『特別活動実践指導全集・理論編』日本教育図書センター，2000年。
(4) 押谷由夫・宮川八岐編『道徳・特別活動重要用語300の基礎知識』明治図書出版，2000年。
(5) 高旗正人他編『人間関係をつくる力を育てる』黎明書房，2001年。
(6) 相原次男他編『よさに向かう力を育てる』黎明書房，2000年。
(7) 新富康央『改訂・アメリカ教育日記』東京書籍，2001年。

　　　　　　　　　　　　　　　　　　　　　　　　　　　　（新富康央）

第6章　特別活動の歴史的変遷

　「コトバ」の変化は，それが用いられた時代と社会の「文脈」に照らし合わせたとき，初めて意味をもつ。無論，「変わる」のは「コトバ」ではなく，われわれのものの見方や考え方である。歴史を学ぶ，あるいは歴史に学ぶことの意味は，特定の時代と社会において，ひとつのコトバに込められた「思い」を適切に把握し，そこから「現在」を知ることにある。

　本章のねらいは，「特別活動」とその周辺にあるコトバとの関わりを，歴史的事実に基づいて，丹念に描くことにある。試みに，いくつかのキーワードを羅列してみよう。

　課外活動（extra-curricular activities）　特別教育活動　教科外課程　児童・生徒会活動　学校行事　学級活動　ホーム・ルーム　クラブ活動　勤労体験学習　自由研究　ゆとりの時間　生徒指導　学校週5日制　各教科　道徳

　本章では，これらのキーワードに「歴史」という時間の縦糸を通し，それぞれの「コトバ」の相互関係，あるいは意味内容の変遷に注目する。そのさい，次の2点を心に留めておこう。

(1) とくに戦後の特別活動の歴史は，文部科学省の定める学習指導要領の領域に「特別活動」という「カリキュラム」を位置づける過程であったこと。
(2) 「教科指導とは別個に行われる」ということよりも，「教科指導とともに学校教育活動を支えている」点に注目すること。

1　「課外活動」の時代

1　起源と展開

　「課外活動（教科外活動）」とは，学校のなかで，正規の教育課程（カリキュラム）の「外」で営まれる活動全般を指す。その起源は古く，古代ギリシャの

学校まで遡ることができる。また18世紀以降のイギリスのパブリック・スクールにもみることができる。その活動は，あくまで学生の自治を中心とする自主的・自然発生的な活動であり，具体的には学生間の秘密結社，公開討論・演説，出版活動，スポーツ活動などであった。

　各種の課外活動が，公教育のなかで飛躍的な発達を遂げたのは，南北戦争後のアメリカの中等学校だといわれる。当時，「学校の教育活動」といえば，読み・書き・算数を基本とする「教科の授業」を指し，それ以外の時間はおおむね放任されていた。そのような状況のもと，とくに中等教育を中心として，教科以外の文化・スポーツ・芸術活動などが，生徒の自治によって活発に展開された。

　このように「課外」とは，「正規の教育課程以外」すなわち「教科外」を意味している。逆にいえば，当時の学校では，教科による授業だけを正規のカリキュラム（正課）とみなしていた。したがって，生徒の自治による課外活動は，学校や教師から，当初は無視されていた。また課外活動に対する生徒の関心が高まるほど，教科への関心がおろそかになることが懸念され，活動そのものが禁止されることもあったという。

　しかし，教育研究の進展にともない，課外活動の教育的意義が注目を集めるようになった。すなわち，課外活動は自律，協力，自主性，リーダーシップなどの市民性を教育する活動として，青年期に最もふさわしい活動とみなされた。さらに第一次大戦後，中等学校就学者数が増加するなかで，青年期の余暇の活用や非行防止といったガイダンス上の理由ともあいまって，学校生活全体を教育の場として再編する必要が生じてきた。このことも，課外活動への関心を深める理由となった。

2　課外活動のカリキュラム化

　課外活動は，児童・生徒の自主的な活動意欲に基づく営みであるために，その人格形成に多大な影響力をもつ。課外活動が生徒にとって教育的に有意義な体験となるかぎり，それを正課（カリキュラム）に組み込むべきだという考え方が生まれた。すなわち，明確な教育目標の下に課外活動を置き，教師の意図

的・計画的な指導に基づいて活動内容を組織し，できるだけ多くの生徒が平等に参加できることをめざして，「課外活動のカリキュラム化」が図られたのである。

とくにアメリカでは，1920年代後半から，課外活動の教育的価値をめぐる研究が活発になったといわれている。当時の研究を総合的に検証したアンダーソン（Anderson, L. W.）とヴァンダイク（Van Dyke, L. A.）は，その共著『中等学校の経営』(1972年)のなかで，教科外活動（extraclass activities）の一般目的として，「生徒に対する効果」「カリキュラムの改善に関する効果」「より効果的な管理に対する貢献」「地域社会に対する貢献」の4つをあげている。とくに「カリキュラムの改善に関する効果」については，教室の経験を補い豊かにすること，最終的にカリキュラムに組み込める新しい学習経験を開発すること，教室の授業の動機づけをすること，といった事柄をあげており，教科指導ないし教室授業に資するものとして課外活動を位置づけていたことがわかる。

また，フレッチウェル（Fretwell, E. K.）は，教科外活動の古典的名著とされる "Extra-Curricular Activities in Secondary School" (1931) において，「真の教科外活動を生み出す場は，何よりもまず，活動的で生活的な学級における教授活動のうちに見出される」と述べている。すなわち，課外活動は教科指導から成長し，また課外活動は教科指導を豊かにするという往還関係を重視していたのである。

さらに，1935年，ジョーンズ（Jones, G.）は，課外活動をカリキュラム化するにあたって，正規の時間割に組み込むこと，卒業のための単位が与えられること，活動のためのコース・オブ・スタディ（指導要領）がある，という3つの基準を提言した（磯田一雄「課外活動」細谷俊夫他編『新教育学大事典』第一法規出版）。

ここまで見た通り，「課外活動」という言葉は過渡的な概念である。すなわち，当初，「課外活動」という言葉が意味したのは，学校で営まれる児童・生徒の自発的諸活動であり，それは学校側にとって無視しうるもの，ないし，その活動が正課の妨げになるようであれば，抑圧し排除する対象に過ぎなかった。しかし，「課外活動」の教育的意義が認められるにつれ，これを「正規の教育

課程」に組み込むことが奨励され，カリキュラムのひとつとして組織化・計画化されていったのである。日本でも，課外活動が正規のカリキュラムに含まれる過程のなかで，「特別教育活動」「特別活動」という名称が与えられた。これが単なる名称変更ではなく，質的な変化をともなっていたことを，次節以降で見ていこう。

② 戦前期日本の課外活動

1 「上」からの課外活動と「下」からの課外活動

アメリカの課外活動が，生徒の自主的活動に端を発し，やがてその教育的意義を認める立場からカリキュラム化が進められたのに対し，日本における課外活動の起源およびその発達史は，幾分，事情が異なっている。日本では，自然発生的・自主的な生徒活動と並んで，学校から一方的に与えられた課外の教育活動がさまざまな形で存在し，それらが大きな役割を果たしていた。

日本の課外活動は，明治初期の高等学校，専門学校および大学で成立した。演説，討論活動，運動競技活動などは，当時の新しい学校文化を象徴するものであり，自然発生的な学生の自治活動であった。とりわけ，運動競技活動は，明治10年代から20年代初めにかけて，運動関係部の統一組織としての「校友会」が結成されたり，課外体育活動の必修化，柔道・剣道の正課化を要求するなど，活発な動きがみられた。

このような，自発的活動が存在する一方，学校が「上」から与える課外活動の比重が高いことも特徴であった。1886（明治19）年，師範学校寄宿舎で実施された軍隊式分団編成による生徒管理はその典型であった。初等・中等学校でも，運動会，遠足，祝祭日行事，修学旅行，さらには軍事教練等の「学校行事」が成立する。これら戦前の学校行事は，とりわけ教育勅語の制定（1890年・明治23年）以降，国民教化のシステムに効果的に組み込まれていった。

2 さまざまな「学校行事」

ここで，戦前の日本における学校行事を具体的に見ていこう。そのひとつが

「学芸会」である。当初は唱歌・朗読等の「学習発表会」に近いものであったが、親たちの学芸会への関心は高く、次第に演劇的要素が加えられ、「学校劇」が盛んに行われるようになった。大正期に入り、自由教育論、芸術教育論、生活教育論、全人教育論などの新教育運動の影響のもと、学芸会は学校を中心とする地域社会のイベントとして定着し、学校行事の花形になった。しかし、新教育運動が衰退し、軍国主義が台頭するなか、学芸会の内容も次第に軍事色を帯びることとなり、たとえば戦争にまつわる劇、国史劇などが演目に上がるようになった。

「運動会」は1874（明治7）年、海軍兵学寮で行われたレクリエーション的色彩の強い競闘遊戯会が初めといわれる。また1883（明治16）年には、東京大学で最初の運動会が、予備門雇外人教師ストレンジ（Strange, F. W.）の提唱により、走・跳・投の陸上競技として行われた。このように運動会は当初、高等教育機関を中心とするスポーツ中心のイギリス式運動会であった。一方、初等教育では、森有礼による兵式体操導入後、気質鍛錬のための運動会が奨励され、とくに1894（明治27）年の日清戦争以降は、ほとんどすべての学校に広まった。軍事的色彩を帯びつつも、その競争性や遊戯性から、学芸会と同様に地域ぐるみの行事として定着していく。

「遠足」の教育的意義が認められたのは、ヘルバルト派の教育理論が輸入された1887（明治20）年以降といわれている。明治期には単に長距離を歩くことで身体の鍛錬を図る「遠足運動」であった。大正期に入ると名所旧跡・神社仏閣を巡り、敬神の念や愛国心などの道徳的心性を培うことを目的としながらも、自然に親しみ観察することも行われた。また「修学旅行」は、欧米には見られない日本独自のものである。その起源は、1886（明治19）年に実施された東京高等師範学校の「長途旅行」といわれている。大正期には女子学生の修学旅行も行われ、昭和に入ると、朝鮮、中国東北部（旧満州）方面への旅行も実施された。戦時体制が強まるなかで制限され、衰退していくが、一部では伊勢神宮に参拝する「参宮旅行」など、国体観念養成のための行事としても実施された。

3 「教育勅語奉読」と儀式行事

ここまで見たように、戦前の学校行事は、当時の国家体制の意向を色濃く反映した、いわば「上から」の課外活動が中心であった。なかでも「儀式活動」は、その色彩を最も強く現わしている。その中核に在ったのが、1890（明治23）年に発布された教育勅語である。教育勅語は全文315字の短文であるが、全体を通じて教育＝徳育の観点に立ち、その根拠を皇国史観に基づく「国体」に置いている。その目的は近代天皇制の発展、すなわち天皇を中心とする挙国一致、君臣一体の実行にあり、教育勅語は国家の精神的基盤として、その後の学校教育全体に大きな影響力をもつことになる。

教育勅語発布の翌年「小学校祝日大祭日儀式規程」が制定された。これにより、「御真影」への拝礼と勅語奉読とを軸とする学校儀式が法制化された。その内容は御真影拝礼、万歳奉祝、勅語奉読、校長訓話、式歌斉唱であり、明治・大正期には三大節（紀元節＝建国記念日、元始説＝元旦、天長節＝天皇誕生日）に、昭和期には四大節（明治節＝明治天皇誕生日）に行われた。

勅語奉読のさいには、学校関係者が来賓として招かれ、式典はあくまで厳粛に執り行われた。勅語を読み上げる校長にはかなりの緊張が強いられ、読み間違えが進退問題に発展することもあったという。なお、教育勅語謄本と御真影とは、校内の一定の場所に奉置するよう、文部省訓令第4号（1891年）によって命じられ、各学校では奉安庫・奉安殿の建設が進められた。これにより、毎日の奉安殿拝礼という儀式的活動が日常化することとなった。

ここまで見てきたように、戦前の学校行事は、教育勅語を柱とした教育活動を強化・補強する役割を果たしていた。しかし、これらの課外活動は、国家レベルでの近代天皇制の強化・発展に貢献したといいうるが、民衆レベルでは、娯楽的要素をもった活動として地域社会に受け入れられたものもあった。その形は、戦後も学校行事の伝統として継承されていく。

③ 「課外活動」から「特別活動」へ──戦後日本の「特別活動」

戦後日本の教育は、日本国憲法の趣旨に基づき、「国民の学習権保障」とい

う教育の民主理念を掲げた。教育基本法（全文11カ条）の制定（1947年・昭和22年）により，民主主義的教育観が導入され，教育課程の基本的目標と内容は，「学習指導要領」によってその方向性が示されることになった。

戦後の課外活動をめぐる動向は，「自由研究」→「特別教育活動」→「特別活動」という名称変更をともないつつ，それらが学習指導要領のなかに「領域」として位置づけられる過程であった。このことを，学習指導要領の制定と改訂の歴史を追うことにより，概観してみよう。

1 「自由研究」の登場

1947（昭和22）年，最初の学習指導要領が制定された。このなかで，小学校については4・5・6年生のそれぞれに，年間70～140時間の「自由研究」の時間が「教科」として初めて設けられた。また新制中学校については，「自由研究」の時間が，選択科目（外国語，習字，職業，自由研究）のひとつとして設定され，年間35～140時間が割り当てられた。この「自由研究」が今日の「特別活動」の原型と考えられている。その内容は，①個人の興味と能力に応じた教科の学習，②クラブ組織による活動，③当番の仕事や学級委員としての仕事であった。

しかし，①については，その後，各教科の教科指導法の進歩によって，各教科の時間内にその目的が達成できるようになったこと，また単なる授業の補習や延長として「自由研究」の時間が利用されるなどの問題点もあり，発展的に解消されることとなった。

2 「特別教育活動（中学校・高等学校）」と「教科以外の活動（小学校）」の制定

1949（昭和24）年，文部省学校教育局長より中学校に向けて通達が出され，選択教科としての「自由研究」を発展的に解消し，新たに「特別教育活動」の時間を1・2・3年の各学年に，年間70～175時間（週あたり2～5時間）設定することが求められた。その内容は，運動，趣味，娯楽，ホームルーム活動，その他生徒会活動や社会公民的訓練活動を含むものであった。なかでも「ホームルーム」は，生徒の基礎集団，すなわち「学校における家庭」と位置づけら

第6章　特別活動の歴史的変遷

```
┌─────────────────────────────────┐        ┌─────────────────────────────────┐
│　　　　　　　　昭和22年（小・中・高）│        │　　（高）ホームルーム，生徒会活動，│
│学習指導要領一般編（試案）　　　　　　│        │　　　　クラブ活動　　　　　　　　│
└─────────────────────────────────┘        │・備考：自発的・自主的な活動の強調 │
・名称：「自由研究」                         └─────────────────────────────────┘
・内容：教科の発展としての自由な学習         ┌─────────────────────────────────┐
　　　　クラブ活動，当番・学級委員の仕事     │第3次改訂　昭和43年(小)44年(中)45年(高)│
・備考：教科の中の選択科目として設置         │学習指導要領（官報告示）　　　　　　│
┌─────────────────────────────────┐        └─────────────────────────────────┘
│新制中学校の教科と　昭和24年（中）│        ・名称：（小・中）「特別活動」（高）「各教科
│時間数の改正について（通達）　　　│        　　　　以外の教育活動」
└─────────────────────────────────┘        ・内容：（小・中）児童（生徒）活動，学校
・名称：（中）「特別教育活動」               　　　　　　　　行事，学級指導
・内容：運動・趣味・娯楽，ホーム・ルーム     　　　　（高）ホームルーム，生徒会活動，
　　　　活動，生徒会活動                    　　　　　　　クラブ活動，学校行事
・備考：生徒指導の一環としてのホーム・       ・備考：学校行事の導入，生徒指導の充実
　　　　ルーム活動                          ┌─────────────────────────────────┐
┌─────────────────────────────────┐        │第4次改訂　昭和52年（小・中）53年（高）│
│第1次改訂　　　昭和26年（小・中・高）│      │学習指導要領（官報告示）　　　　　　│
│学習指導要領一般編（試案）　　　　　　│      └─────────────────────────────────┘
└─────────────────────────────────┘        ・名称：（小・中・高）「特別活動」
・名称：（小）「教科以外の活動」（中・高）   ・内容：（小・中）児童（生徒）活動，学校
　　　　「特別教育活動」                    　　　　　　　　行事，学級指導
・内容：（小）児童会，学級会，クラブ活動     　　　　（高）ホームルーム，生徒会活動，
　　　　（中・高）ホームルーム，生徒会，     　　　　　　　クラブ活動，学校行事
　　　　　　　　　生徒集会，クラブ活動       ・備考：小・中・高の関連化，ゆとりの時間
・備考：自由研究の発展的解消                 　　　　の活用
┌─────────────────────────────────┐        ┌─────────────────────────────────┐
│第2次改訂　昭和33年（小・中）35年（高）│    │第5次改訂　　　平成元年（小・中・高）│
│学習指導要領（官報告示）　　　　　　│        │学習指導要領（官報告示）　　　　　　│
└─────────────────────────────────┘        └─────────────────────────────────┘
・名称：（小・中・高）「特別教育活動」       ・名称：（小・中・高）「特別活動」
・内容：（小）児童会活動，学級会活動，ク     ・内容：（小・中）学級活動，児童（生徒）
　　　　ラブ活動                            　　　　活動，クラブ活動，学校行事
　　　　（中）生徒会活動，クラブ活動，学     　　　　（高）ホームルーム，生徒会活動，
　　　　級活動                              　　　　　　　クラブ活動，学校行事
                                            ・備考：学級活動の新設
```

（出所）　髙旗正人・倉田侃司編著『特別活動』ミネルヴァ書房，1994年，99ページ。

図6-1　特別活動の変遷

れ，さまざまな生徒の諸問題を手がかりに，学級全体でその解決に取り組むこと，生徒の個人的・社会的な成長を支援し，職業選択の指導をも担う場とされた。通達では，それぞれのホームルームに1人の教師が責任をもち，適切な指導のもと，組織的・計画的に運営することが提言された。

　この通達から2年後の1951（昭和26）年に，第一次の学習指導要領改訂が行われた。その学習指導要領一般編（試案）において，小学校では「自由研究」

が「教科以外の活動」に，中学校・高等学校では，通達のさいに用いられた「特別教育活動」が，そのまま名称として定められた。

まず，小学校における「教科以外の活動」は，現に学校が実施，もしくは実施すべきである教育活動（集会，委員会，遠足，学芸会，音楽会，読書活動，クラブ活動等）について，その教育的意義を有効活用するために，正規の教育課程に組み込んだといえる。学習指導要領一般編（試案）で例示された活動は，①民主的組織のもとに，学校全体の児童が学校の経営や活動に協力参加する活動（児童会，各種委員会，児童集会，奉仕活動），②学級を単位とする活動（学級会，クラブ活動等）であった。また，中学校・高等学校における「特別教育活動」では，ホームルーム，生徒会，クラブ活動，生徒集会を，その主要な領域とした。

3 「特別教育活動」への名称統一と「学校行事」の成立

1951（昭和26）年改訂の学習指導要領は，一般編として，小・中・高校にわたって示されていたが，続く1958（昭和33）年に始まる第二次の学習指導要領改訂では，学校種別に改訂・実施が行われ，文部省告示として扱われることとなった。また学校教育法の改正により，教育課程の構成は，小・中学校では「各教科」「道徳」「特別教育活動」「学校行事」の4領域，高等学校では「各教科」「特別教育活動」「学校行事」の3領域となった。ここに，小・中・高等学校を通じて，「特別教育活動」という名称が用いられるとともに，「各教科」「道徳」と並んで「特別教育活動」と「学校行事」が教育課程の重要な領域を構成することとなった。

領域としての「特別教育活動」は，その下位に次のような内容を含んでいた。すなわち，小学校では児童会活動，学級会活動，クラブ活動。中学校では生徒会活動，クラブ活動，学級活動。高等学校では，ホームルーム，生徒会活動，クラブ活動であった。また，「特別教育活動」の目標は「児童（生徒）の自発的，自治的な活動を通して，楽しく規律正しい学校生活を築き，自主的な生活態度や公民としての資質を育てる」ことにあった。こうして明確となった「特別教育活動」の目標，内容，指導計画，指導方針，指導上の留意事項等は，戦

後のこの種の教育活動を形成する基盤となり，現在の「特別活動」まで継承されている。

いっぽう，「学校行事」に含まれる内容は，学校段階により若干の相違があるものの，おおむね，儀式，学芸的行事，保健体育的行事，遠足，修学旅行，学校給食，その他学校行事の目標を達成する教育活動であった。とくに儀式では，国旗を掲揚し，君が代を斉唱することが望ましいと示された。

4　「特別活動」の登場

1968（昭和43）年，第三次の学習指導要領改訂が実施された（中学校は1969年，高等学校は1970年）。この改訂によって，従来は教育課程の個別領域を成していた「特別教育活動」と「学校行事」は，内容の精選を経て「特別活動」に整理・統合された（高等学校では「教科以外の教育活動」に名称変更）。その結果，教育課程を構成する領域は，小・中学校において「各教科」「道徳」「特別活動」の3領域となった。

小学校および中学校における「特別活動」の内容は，①児童（生徒）活動，②学級指導，③学校行事の3つである。このうち①児童（生徒）活動は，児童（生徒）会活動，学級会活動，クラブ活動を総称したものである。ここでは，児童・生徒の自主的・自発的活動が重視された。これに対して，②学級指導とは，主に教師が計画的に指導するものと位置づけられた。「学級指導」は，生徒の自主性・自発性を重視する「学級会活動」とは異なる意味づけをもって新設されたのである。端的にいえば，この「学級指導」において重視されたことは，教師による生徒指導（ガイダンス）の充実であった。その背後には，当時増大しつつあった少年非行への対策が念頭に置かれていた。

さらにこの改訂では，それまで教育課程の一領域を成していた「学校行事」が，「特別活動」の構成要素と位置づけられた。「学校行事」の内容には，儀式，学芸的，保健体育的，遠足的，安全指導的，勤労・生産的行事等があるが，いずれも学校が計画し実施するものとされた。ただし「学校行事」を特別活動の構成要素に位置づけた目的は，生徒の自主的・自発的な活動と，学校が企画し運営する「学校行事」とを必要以上に区別せず，むしろ，両者の教育的意義を

十全に発揮させることにあった。

5 「特別活動」への名称統一と「ゆとりの時間」の新設

　1977（昭和52）年には，第四次の学習指導要領改訂が行われた（高等学校は1978年）。ここでは，過度の学歴偏重，受験競争の激化に対する反省をもとに，改訂の基本方針として，豊かな人間性の育成，個性の伸長，ゆとりと充実の学校生活，小・中・高校教育の一貫性・連携がスローガンに掲げられた。

　このなかにあって「特別活動」は，教育課程の一領域を成す名称として，小・中・高等学校に統一して用いられることとなった。その目標では，小・中学校ともに「望ましい集団活動を通して，心身の調和のとれた発達を図り，個性を伸長するとともに，集団としての自覚を深め，協力してよりよい生活を築こうとする自主的・実践的な態度を育てる」と同文となり，高校ではこれに「将来において自己を正しく生かす能力を養う」という一文が付加された。また「特別活動」の内容としては，小・中学校とも①児童・生徒活動，②学級指導，学校行事に統一された。高校では，①HR活動，②生徒会活動，③クラブ活動，④学校行事で構成された。

　なお，第四次の学習指導要領改訂では，新たに「ゆとりの時間」が新設された。1960年代の高度経済成長期に進められた「教育内容の現代化」は，学習内容の増大をもたらすと同時に，授業についていけない子どもたちや学力低下といった問題を大量生産した。その反省から教科内容を縮小し，「学校裁量の時間」すなわち「ゆとりの時間」が設けられた。これはあくまでも「教育課程外の活動」とされたが，実際には「勤労体験」など，特別活動的内容に関わって行われることが多く，図らずも特別活動のもつ積極的な意義を再認識させることとなった。

　しかし，「ゆとりの時間」は，各教科指導の時間を減らすことで確保されたり，また一部では学校週5日制が実施されたこともあって，学校経営そのものを"ゆとり"の無いものにしてしまった」という批判もある。いずれにせよ，第四次の学習指導要領改訂以降，教科外指導は「特別活動」と「ゆとりの時間」という2つの領域をもつこととなった。

6　内容構成の統一と弾力的指導の実現へ

1989（平成元）年に行われた第五次の学習指導要領の改訂では，小・中・高等学校を通して，特別活動の基本的性格は現行どおりとされた。しかし，そこからさらに踏み込んで，学校や児童・生徒の実態に合わせた，いっそう弾力的な指導が可能となるような改訂が行われた。内容的には，小・中・高等学校とも，学級活動（高校では HR 活動），児童（生徒）会活動，クラブ活動，学校行事の 4 内容で構成されることとなった。

このうち，「学級活動」はこれまでの学級会活動と学級指導を統合したものである。小学校では，学級や学校の生活の充実と向上をめざし，児童の自主的活動や，日常生活・学習への適応および健康・安全の指導を行うものであった。中学校ではこれらに加えて，将来の生き方や進路選択に関する指導を行い，高校では人間としての生き方・在り方を深める指導が求められた。

クラブ活動については，とくに中学校と高校において，いわゆる部活動をもってクラブ活動に代替できるなど，弾力的な運用が可能となった。また学校行事では，体験的な活動がよりいっそう重視される一方，儀式行事においては国旗を掲揚するとともに，国歌を斉唱するよう指導するものと改められた。

戦後の特別活動をめぐるさまざまな動き，とりわけ学習指導要領における位置づけ（領域区分と内容の構成）は，その改訂のたびに大きく，また微妙に揺れ動いてきた（図 6 - 1 参照）。しかし，50 年を越える歴史のなかで，特別活動をひとつの「領域」として位置づける取り組みが進むほど，他の領域（教科指導や道徳教育など）との「区別」ないし「違い」を引き出すことが優先し，本来の教育的意義の実現に至らない事態に陥ってはいないだろうか。

いまいちど，特別活動が「課外活動」であった時代に立ち返り，そこで認められた教育的意義がいかなるものであったのかを考えてみる必要があろう。

参考文献
(1) 宮坂哲文『特別教育活動』明治図書出版，1959 年。
(2) 宇留田敬一『特別活動論』（教育学大全集32），第一法規出版，1981 年。
(3) 高旗正人・倉田侃司編著『特別活動』ミネルヴァ書房，1994 年。

■第2部　個性をひらく特別活動の内容と展開

(4)　細谷俊夫他編『新教育学大事典』第一法規出版，1990年。
(5)　文部省『小学校学習指導要領』1958，1968，1977，1989年。
(6)　文部省『小学校指導書　特別活動編』1958，1989年など。

推薦図書
(1)　片岡徳雄編『特別活動論』（教職科学講座　第14巻）福村出版，1990年。
(2)　宇留田敬一編『特別活動の基礎理論と実践』明治図書出版，1992年。

（髙旗浩志）

第7章 学級活動

　本章で取り上げる学級活動は，特別活動の基盤となる活動である。学級活動は，小学校の第1学年から実施されるもので，子どもが学級でどのような集団活動を経験するかによって，その後の児童会活動やクラブ活動などのあり方を左右するものと考えられる。

　とくに学級活動では，子ども一人ひとりが学級の一員として何らかの役割を受けもち，学級生活の充実と向上をめざして活動するとともに，集団のなかで自己を生かし，日常生活を営むために必要な行動の仕方を身につけるなど，健全な生活態度の育成に関わる活動を行うことがその特質とされ，子どもにとって最も身近で現実的な活動である。

１　学級活動の特質

1　学級活動の特質とねらい

　学級活動は，学習指導要領第4章第2で次のように示されている。

> 　学級活動においては，学級を単位として，学級や学校の生活の充実と向上を図り，健全な生活態度の育成に資する活動を行うこと。

　子どもの学校生活は，その大部分が学級という単位の集団を基盤にして展開されている。学級集団は，教育的に構成されたものであり，学級編成直後は，個々の子どものかかわりが薄く，集団としての凝集性も低い。しかし，日々の学級生活を送っていくなかで，次第に学級独自の雰囲気や学級の全体的な傾向や特性が生まれてくる。

　とくに，そのような学級集団において，望ましい集団活動を通して学級や学校の生活の充実と向上を図るとともに，健全な生活態度を身につける自主的，

実践的な活動を助長,充実することは大切なことである。
このようなことから,学級活動のねらいは,次のように考えられている。

> 子供が自分たちの学級や学校の生活の充実と向上を目指して,学級内の組織づくりや仕事の分担処理,解決方法について話し合う活動など学級生活に関する諸問題の解決を自主的に行うとともに,生活や学習への適応や健康や安全な生活など心身の健康を増進し,健全な生活態度を身につける活動を通して,集団の一員としての自覚を深め,協力してよりよい生活を築こうとする自主的,実践的な態度を育てる。

2 活動内容(1)と(2)の特質と活動過程

学級活動の活動内容として,学習指導要領では次のように示している。

> (1) 学級や学校の生活の充実と向上に関すること。
> 　　学級や学校における生活上の諸問題の解決,学級内の組織づくりや仕事の分担処理など
> (2) 日常の生活や学習への適応及び健康や安全に関すること。
> 　　希望や目標をもって生きる態度の形成,基本的な生活態度の形成,望ましい人間関係の育成,学校図書館の利用,心身ともに健康で安全な生活態度の形成,学校給食と望ましい食習慣の形成など

これら2つの活動内容は,学校の規模の大小や地域の実態にかかわらず必ず実施しなければならないものであり,各学級の子ども全員が集団活動として行うものである。

今回の改訂により,活動内容(1)の内容例示に,子どもの自発的,自治的な活動を重視する観点から「学級内の組織づくり」の文言が加えられた。また,活動内容(2)を厳選する観点から,これまで内容例示に示されていた「情報の適切な活用」を削除し,さらに「不安や悩みの解消」「意欲的な学習態度の形成」を新たに設定した「希望や目標をもって生きる態度の形成」に統合された。

第7章 学級活動

学級活動の実践化の流れ

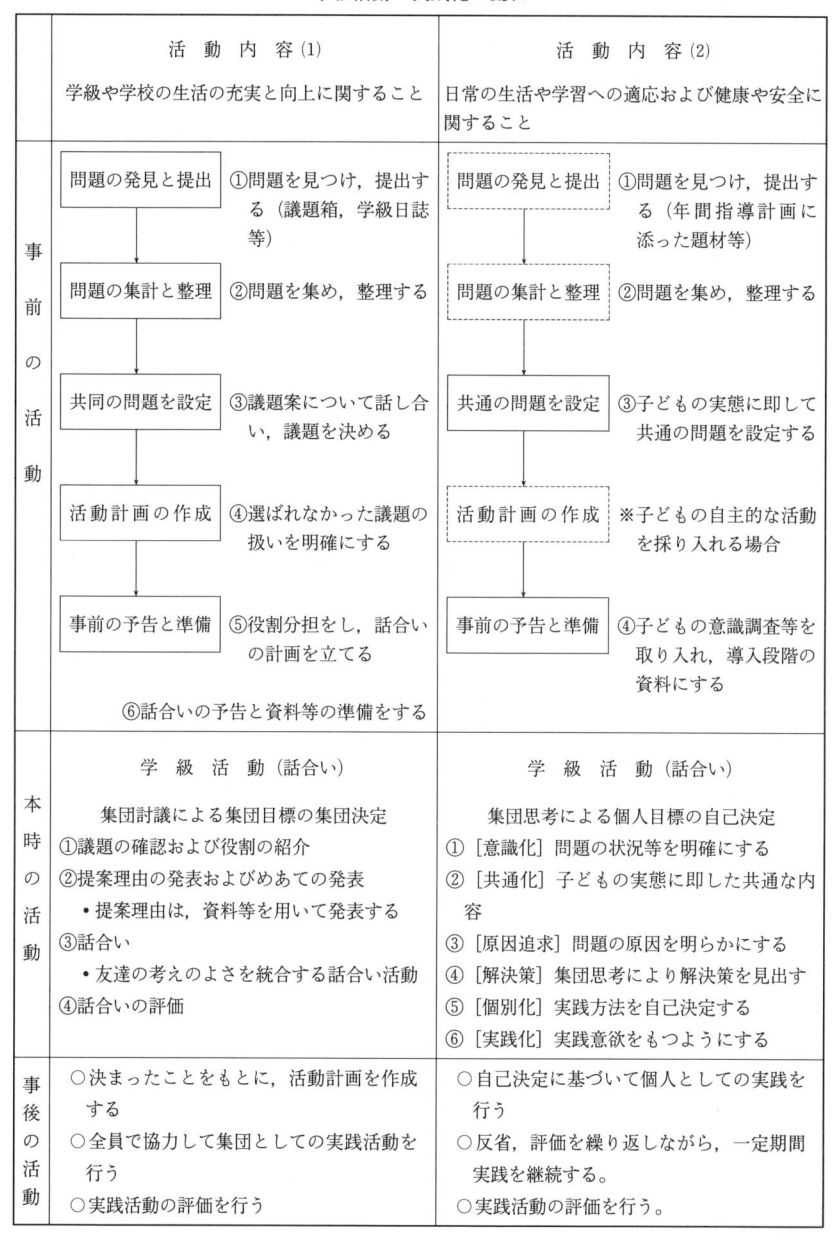

	活 動 内 容 (1) 学級や学校の生活の充実と向上に関すること		活 動 内 容 (2) 日常の生活や学習への適応および健康や安全に関すること	
事前の活動	問題の発見と提出 ↓ 問題の集計と整理 ↓ 共同の問題を設定 ↓ 活動計画の作成 ↓ 事前の予告と準備	①問題を見つけ，提出する（議題箱，学級日誌等） ②問題を集め，整理する ③議題案について話し合い，議題を決める ④選ばれなかった議題の扱いを明確にする ⑤役割分担をし，話合いの計画を立てる ⑥話合いの予告と資料等の準備をする	問題の発見と提出 問題の集計と整理 共通の問題を設定 活動計画の作成 事前の予告と準備	①問題を見つけ，提出する（年間指導計画に添った題材等） ②問題を集め，整理する ③子どもの実態に即して共通の問題を設定する ※子どもの自主的な活動を採り入れる場合 ④子どもの意識調査等を取り入れ，導入段階の資料にする
本時の活動	学 級 活 動 （話合い） 集団討議による集団目標の集団決定 ①議題の確認および役割の紹介 ②提案理由の発表およびめあての発表 ・提案理由は，資料等を用いて発表する ③話合い ・友達の考えのよさを統合する話合い活動 ④話合いの評価		学 級 活 動 （話合い） 集団思考による個人目標の自己決定 ①［意識化］問題の状況等を明確にする ②［共通化］子どもの実態に即した共通な内容 ③［原因追求］問題の原因を明らかにする ④［解決策］集団思考により解決策を見出す ⑤［個別化］実践方法を自己決定する ⑥［実践化］実践意欲をもつようにする	
事後の活動	○決まったことをもとに，活動計画を作成する ○全員で協力して集団としての実践活動を行う ○実践活動の評価を行う		○自己決定に基づいて個人としての実践を行う ○反省，評価を繰り返しながら，一定期間実践を継続する。 ○実践活動の評価を行う。	

② 活動内容(1)：話合いの活動

1 「話合いの活動」の特質と配慮事項

話合いの活動は，学級活動における中心的な活動である。

学級生活の充実と向上に関する内容の活動は，子どもがそれらに関わる諸問題を自主的に話し合う内容を選定して取り組むことができるようにすることが求められ，子どもが自発的，自治的に活動を展開できるようにしていくことが大切である。

とくに，話合いに必要な司会や記録などの役割は，子どもの発達段階を考慮して計画委員会を組織し，子どもたちが互いに役割を分担し合って活動できるようにするために教師の適切な指導が必要である。

また，この活動内容は，子ども自らが気づき，関心をもつものであって，しかも，子どもの能力に応じて，共同して具体的に解決の方法を見出すことができ，実践できるものであることが望ましい。つまり，話し合い活動で取り上げる問題の条件として，たとえば人の話を静かに聞くなど，一人ひとりが心がければ解決する問題ではなく，学級の全員が協力して取り組まなければ解決できない問題であり，子どもの発達段階に応じて，解決の方法を見出すことができ，しかも，教育的に望ましいと認められる問題であることが大切である。

ゆえに，真に子どもの自発的，自治的活動とするためには，学校として子どもが取り上げる問題については，その自治的な活動範囲を明確にしておくことが求められる。たとえば，相手を傷つけるような結果が予想される問題，教育課程の変更に関わる問題，校内のきまりや施設，設備の利用の変更などに関わる問題，金銭の徴収に関わる問題，健康・安全に関わる問題などについては，子どもに任せられない条件として明確にしておくことが大切である。

このような条件設定のもと，子どもの思いや願いを生かし，発意，発想を生かした活動が展開できるように，教師は子どもの活動を温かく見守り，活動を子どもに委ねるという構えをもつことが求められる。

2 計画委員会の指導方法

　計画委員会は，話合い活動を子どもの自発的，自治的な活動とするために，不可欠な活動組織となる。

　今回の学習指導要領の改訂で，「学級内の組織づくり」という文言が取り入れられたのも，子どもが主体となって話合い活動を展開できるように計画委員会の組織を充実させたい，という趣旨があったことを確認する必要がある。

　とくに，この計画委員会の活動は，特定の子どもが運営にあたるのではなく，どの子にも，経験ができるように輪番制で活動を展開することが大切である。

　以下，計画委員会の活動内容などを取り上げる。

［組織］
- 5〜7名［計画委員（司会・黒板記録・ノート記録）提案者］
- 定期的に交代して，学級内の全員の子どもが経験できるようにする。

［活動内容］
(1) 問題の収集

　①提案ポストに入れられた問題　②朝の会や帰りの会に出された問題　③学級日誌やグループ日記等から出された問題　④係の活動や当番の活動から出された問題　⑤教師から投げかけられた問題など

(2) 問題の整理

　①集会の企画に関すること　②係の活動や当番の活動に関すること　③友達に関すること　④学習に関すること　⑤教室環境に関することなど

(3) 議題（題材）の選定・決定

　①学級の生活をより楽しく，より充実させること　②学級のみんなに関係すること　③みんなで話し合って，自分たちで決めた方がよいこと　④話し合って決めたことが，実行できること　⑤今すぐに話し合った方がよいこと

(4) 議題にならない問題の扱い

　①係の活動のなかに生かす　②朝の会，帰りの会のなかで取り上げる　③教師の指導や連絡のなかで生かす　④代表委員会に提案する　⑤検討後に，再提案する

※提案者の意見を大切に扱い、出された意見を生かす配慮をする。
(5) 話合いの活動計画の作成
　①提案理由の確認　②役割分担（司会・黒板記録・ノート記録等）
　③めあて・約束の確認（参加態度，話合いの約束）　④話合いの柱の設定
(6) 提案資料等の準備
  ・提案事項や提案理由を紙に書いて提示したり，話合いの流れを書いたカード等を準備したりする。
(7) 活動計画の発表
  ・話し合う内容，手順等をみんなに知らせることで，学級全員の話合いへの参加意欲を高めるようにする。
(8) 本時の活動の運営
  ・活動計画に沿って，役割（司会，黒板記録，ノート記録，資料提示）ごとに，能率よく進行する。
(9) 話合い活動の反省・評価
  ・話し合うべき事柄に対する意見が多く出されたか，手順よく効率的に進行したか，多くの意見を取り上げることができたか，実践に向けて具体的な点が決定されたか等の観点から反省，評価をする。
(10) 実　践
  ・学級全員が，互いに支え合い，協力し合いながら実践を展開する。朝の会や帰りの会で呼びかける等の工夫をして，実践意欲を高める。
(11) 実践の反省と今後の課題
  ・話し合ったことが実践に結びついているかどうかを教師の助言を参考に検討し，学級全員に中間報告等の形で報告し，課題があれば追加提案を加えながら実践が継続できるようにする。

3　学級活動の指導計画の作成方法

　学級活動の指導計画作成に当たっては，学級経営や生徒指導，さらに家庭における指導の充実を図ることにより，活動内容(2)「日常の生活や学習への適応及び健康や安全に関すること」の指導内容の精選と重点化を図りつつ，全体と

して指導内容の重点化を図ることが大切である。

　通常，学級活動の指導計画を作成する際には，次のような手順を踏んでいくことが求められる。

　① 学校としての教育目標を具現化するために特別活動の「全体の指導計画」を作成する。

　② 特別活動の目標と各内容のねらいと特質についての共通理解を図り，相互の関連について検討する。

　③ 学級活動のねらいと内容を，各学年の発達段階を踏まえて系統的に設定する。

　④ 子どもの実態を踏まえ，学級経営との関連から活動内容(2)の活動の精選と重点化を図り，活動内容(1)に充てる時間を多く設定できるようにする。

　⑤ 活動内容(2)に関する題材を，学年の実態，指導の系統性，学校行事や児童会活動などとの関連を考慮して，特定の期間に集中しないように配慮して，月別に時間を配当する。

　⑥ 活動内容(1)に関しては，各学年，各学期ごとに学級集団の発達段階や学年，学級の実態に基づいて予想される議題例・活動の目安を設定する。

話合い活動の指導の目安

――― **低学年** ―――
- 1・2年生は，教師と一緒に司会を行う。 ・子どもの実態に即して，教師の助言をえながら，子どもが徐々に進行役を行うようにする。 ・みんなの前で自分の思ったことや考えたことを話す。 ・友達の話をよく聞き，つながりのある話し方をする。

――― **中学年** ―――
- 教師の指導，助言を少なくしながら子どもが司会をする。・時間配分を考え，多くの友達に発言の機会を与えるようにする。・自分の考えをまとめ，要領よく発表する。・自分の考えと比べながら，友達の発表をよく聞き，よりよい結論をまとめる。

――― **高学年** ―――
- 計画委員会の計画をよく理解し，話合いの進行をする。・公平な態度で積極的に多くの意見を引き出す。・責任をもって自分の意見を発表する。・友達の意見の内容を正しくとらえ，自分の考えと比較し，よりよい結論をまとめる。

議題例（予想される活動内容）

低学年
・どうぞよろしくの会をしよう　・みんなのかかりをきめよう。　・みんなのこいのぼりをつくろう　・ボールのつかいかたをきめよう等

中学年
・学級会の活動計画を立てよう　・当番や係の活動を決めよう　・学級の新聞を作ろう　・レクリエーション大会をしよう等

高学年
・学級会の組織をつくり，計画を立てよう　・係の活動内容を紹介しよう　・代表委員会への提案を考えよう　・地域の清掃活動の計画を立てよう等

学校で作成する学年別指導計画　5年生（例）

指導のねらい		※該当学年の指導のねらいを明記する	
計画委員会の指導等，問題の整理		※問題の収集，整理，議題の決定，計画，準備等の手順を明記する。	
[活動内容(1)]		[活動内容(2)]	
予想される議題例	指導上の留意点	月	題材例	指導上のねらい

予想される議題例	指導上の留意点	月	題材例	指導上のねらい
1学期の議題例	話合い活動の指導	4・5月	◎5年生になって ◎学習の工夫を等	※それぞれの題材について指導上のねらいを明記する。
○学級活動の計画を立てよう ○友達になろう会をしよう ○係を決めよう ○学級の歌を作ろう ○係コーナーの使い方を工夫しよう等	※計画段階・話合い段階・事後の段階ごとに指導のめやすを明記する。		・あいさつ　・上手な掃除 ・安全な登下校　・遠足を楽しく等 ※短時間で扱う場合の題材例	
	係活動の指導		※以下，	
	※組織，実践について明記する。		6,7月　9,10月 11,12月　1,2,3月ごとに，題材名と指導上のねらいを取り上げていく。	
※以下2,3学期の議題例を取り上げる。	集会活動の指導			
	※計画，実践について明記する。			

3 活動内容(1)：係の活動，集会の活動

1 「係の活動」の特質と編成方法

　係の活動は，学級の子どもが学級内の仕事を分担処理するために，自分たちで話し合って係の組織をつくり，全員で幾つかの係に分かれて自主的に行う活動であり，子どもの力で学級生活を豊かにすることをねらいとしている。

　したがって，設置する係の種類や数は，学年や学級によって異なるので，子どもが十分に創意工夫して計画し，活動できるように適切に指導することが大切である。

　その際，とくに当番活動と係の活動の相違について以下のような視点をもって指導しておくことが求められる。

係 の 活 動 （学級生活を向上・発展させる活動）	当 番 の 活 動 （学級生活の円滑な運営を目指す活動）
① 学級生活をより豊かにしていくことのできる活動	① 学級生活を円滑に維持・運営していくための活動
② 自分たちで見つけた仕事を自主的に分担処理していく活動	② 教師が必要と認めた仕事を分担処理する活動
③ 自分たちの発意，発想を生かして創意工夫できる活動	③ 全員が交代で，公平に仕事を分担処理する活動
④ 係の種類や活動内容が学級によって異なることのある活動	④ 当番の種類や活動内容が学級によってほぼ共通する活動
⑤ 自分の考えで，係への所属を選択できる活動	⑤ 学級生活になくてはならない必要不可欠な活動
（例）生き物係・レク係・図書係等	（例）給食当番・清掃当番・日直等

係の編成方法

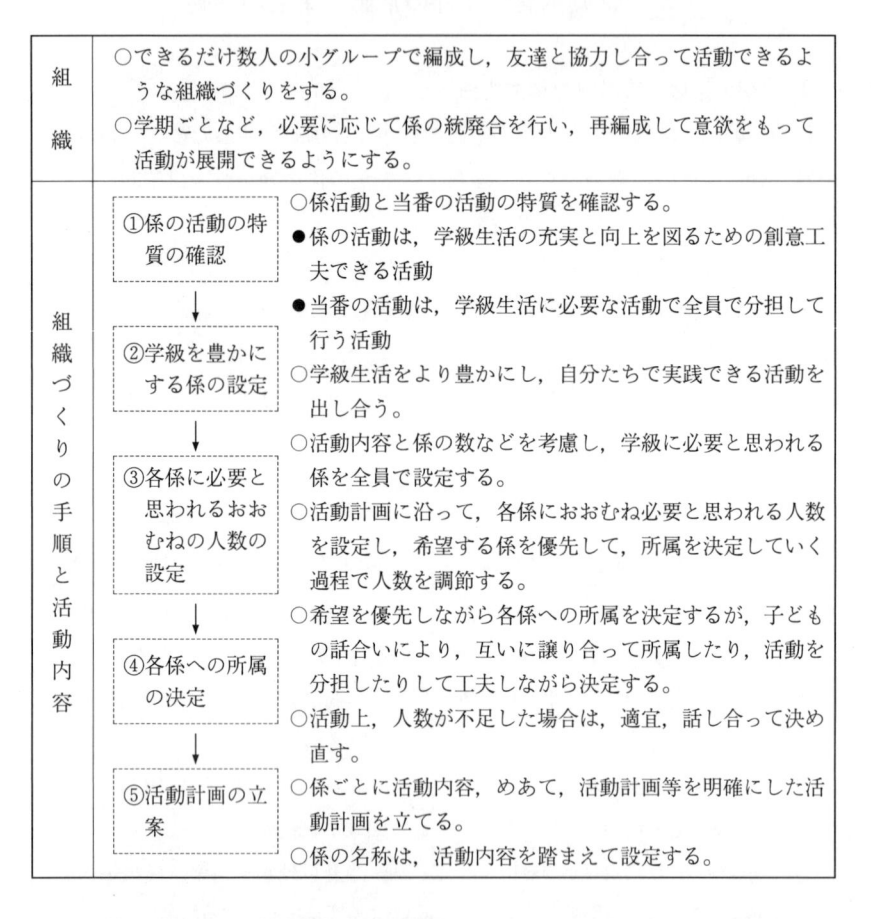

組織	○できるだけ数人の小グループで編成し，友達と協力し合って活動できるような組織づくりをする。 ○学期ごとなど，必要に応じて係の統廃合を行い，再編成して意欲をもって活動が展開できるようにする。	
組織づくりの手順と活動内容	①係の活動の特質の確認	○係活動と当番の活動の特質を確認する。 ●係の活動は，学級生活の充実と向上を図るための創意工夫できる活動 ●当番の活動は，学級生活に必要な活動で全員で分担して行う活動
	②学級を豊かにする係の設定	○学級生活をより豊かにし，自分たちで実践できる活動を出し合う。 ○活動内容と係の数などを考慮し，学級に必要と思われる係を全員で設定する。
	③各係に必要と思われるおおむねの人数の設定	○活動計画に沿って，各係におおむね必要と思われる人数を設定し，希望する係を優先して，所属を決定していく過程で人数を調節する。
	④各係への所属の決定	○希望を優先しながら各係への所属を決定するが，子どもの話合いにより，互いに譲り合って所属したり，活動を分担したりして工夫しながら決定する。 ○活動上，人数が不足した場合は，適宜，話し合って決め直す。
	⑤活動計画の立案	○係ごとに活動内容，めあて，活動計画等を明確にした活動計画を立てる。 ○係の名称は，活動内容を踏まえて設定する。

2 「集会の活動」の特質と集会の種類

集会の活動は，学級生活を一層楽しく充実・向上させるために，学級の子ども全員が集まって行う活動である。集会には，誕生会やスポーツ集会，発表会などさまざまな内容が考えられるが，実践に当たっては子どもたちが話し合って創意工夫し，自主的に運営できるように配慮していくことが求められる。

また，実践の計画に当たっては，学年や学級の実態に応じて実施回数を予め提示したり，できるだけ全員で役割を分担したりすることが大切である。

集会の活動の種類

| ①学級の友達に関する集会　（お誕生日会・転入生を迎える会等）
| ②お楽しみ会的な集会　　　（ゲーム大会・なぞなぞ大会等）
| ③スポーツ的な集会　　　　（ドッジボール大会・オリンピック集会等）
| ④季節の行事に関する集会　（七夕集会・豆まき集会・秋祭り集会等）
| ⑤文化的な集会　　　　　　（手作り楽器音楽会・イラストコンクール等）
| ⑥発表会・報告会的な集会　（係の自慢発表会・夏休みの報告会等）

4　活動内容(2)の特質と指導方法

　活動内容(2)「日常の生活や学習への適応および健康や安全に関すること」の活動は，学級の子どもに共通した問題であるが，共同の問題というよりは個々に応じて実践されることが多い問題である。また，教師の意図的，計画的な指導により解決されるものを多く含んだ内容である。

　しかし，このような問題を扱う場合にも，子どもの自主的，実践的な態度を育てるために，できるだけ子どもによる自主的な話合いの活動を取り入れ，問題を解決できるように配慮することが求められる。

　今回の改訂によって，活動内容(2)は，生徒指導，特別活動の他の内容等との関連を考慮して，以下のように指導内容が精選され，重点化された。

- 「不安や悩みの解消」「意欲的な学習態度の形成」を新たに設定した「希望や目標をもって生きる態度の形成」に統合。
- 「情報の適切な活用」は，他の教科等で指導することから削除。
- 「<u>心身ともに</u>健康で安全な生活態度の形成」「学校給食と<u>望ましい食習慣の形成</u>」（下線部分が新たに加わった文言）

　このような改善については，とくに，小学校学習指導要領第1章「総則」の第5「指導計画の作成等に当たって配慮すべき事項」2の(3)「日ごろから学級経営の充実を図り，教師と児童の信頼関係および児童相互の好ましい人間関係を育てるとともに児童理解を深め，生徒指導の充実を図ること」との関連を深

めてこそ指導の成果が高まるものと考えられる。

活動内容(2)の授業展開上の指導方法としては，一般的に次の5つの活動過程に沿った指導を展開していくことが多い。

導入	①問題の把握（意識化・共通化）
展開	②問題に対する原因の究明（原因追求） ③解決方法の工夫（解決策）
終末	④実践への自己決定（個別化） ⑤実践への意欲化（実践化）

引用・参考文献
(1) 文部省『小学校学習指導要領解説・特別活動編』東洋館出版社，1999年。
(2) 宮川八岐『初等教育資料（No. 701）』東洋館出版社，1999年。

推薦図書
(1) 宮川八岐編『改訂小学校学習指導要領の展開　特別活動編』明治図書出版，1999年。
(2) 宮川八岐・成田国英編『新しい教育課程と学習活動の実際　特別活動』東洋館出版社，1999年。
(3) 宮川八岐編『教職研修総合特集 No. 139　全訂・特別活動読本』教育開発研究所，2000年。

（稲垣孝章）

第8章　児童会・生徒会活動，クラブ活動

　本章では，児童会・生徒会活動およびクラブ活動の特質や活動内容，その教育的意義などについて述べる。この2つの活動は，特別活動の目標のうち，とりわけ集団の一員としての自覚や自主的・実践的な態度の育成をめざしている。児童生徒の自発的・自治的な実践活動を重視し，教師の適切な指導の下に，自分たちで学校生活を楽しく充実したものにしていく活動を展開するものである。

　2つに共通する特質として，①異年齢の集団による活動，②児童生徒の自発性および社会性を育てる活動，③各教科等や特別活動の他の内容との相互関連を図る活動，④ボランティア活動など社会的活動との連携し合う活動などをあげることができる。また，とくに児童会・生徒会活動では児童生徒による組織的な活動，自発的・自治的な活動を主たるねらいにしている。クラブ活動は，児童の共通の興味・関心を追求する活動を大切にしている。なお，中学校においては2002（平成14）年の新教育課程実施からクラブ活動が廃止されている。

1　児童会・生徒会活動の特質および内容

1　児童会・生徒会活動のねらいとその教育的意義

(1)　児童会・生徒会活動のねらい

　小学校における児童会活動および中学校での生徒会活動について，それぞれ学習指導要領第4章第2で次のように位置づけている。

> ・小学校　　B児童会活動
> 　児童会活動においては，学校の全児童をもって組織する児童会において，学校生活の充実と向上のために諸問題を話し合い，協力してその解決を図る活動を行うこと。
> ・中学校　　B生徒会活動

> 生徒会活動においては，学校の全生徒をもって組織する生徒会において，学校生活の充実や改善向上を図る活動，生徒の諸活動についての連絡調整に関する活動，学校行事への協力に関する活動，ボランティア活動などを行うこと。

また，同第4章第3の2には，その内容の取り扱いとして次のような配慮事項をあげている。

> ・小学校
> (1) 学級活動，児童会活動及びクラブ活動の指導については，指導内容の特質に応じて，教師の適切な指導の下に，児童の自発的，自治的な活動が効果的に展開されるようにするとともに，内容相互の関連を図るよう工夫すること。
> (3) 児童会活動の運営は，主として高学年の児童が行うこと。
> ・中学校
> (2) 生徒会活動については，教師の適切な指導の下に，生徒の自発的，自治的な活動が展開されるようにすること。

このような学習指導要領の位置づけが，児童会・生徒会活動の特質を明確に示している部分である。すなわち小・中学校とも，①全校の児童生徒で組織する活動であること，②学校生活の充実や改善向上を図ること，③教師の適切な指導の下に自発的・自治的な活動を展開することなどを重視する活動である。

したがって，小・中学校ともそのねらいを次のように表現することができる。……児童生徒が，自分たちの学校生活の充実と向上を目指して，学校生活に関する諸問題の解決や自分たちの役割分担を処理する活動を自発的・自治的に行うことによって，自主性や社会性，自己を生かす能力などを育てる。……

(2) その教育的意義

このようなねらいの下に，児童生徒は一つ一つの活動の事実を通して，学校の一員としての所属感や連帯感，集団の成員としての自覚を身につけていくものである。具体的には，以下のような意義をもった活動である。

① 児童生徒が，自分たちの活動を積極的かつ自発的・自治的に行うことによって，より豊かな学校生活を築き<u>自主的・実践的態度</u>を育てる。

② 児童生徒が，自分たちの組織（児童会・生徒会）を生かして，互いに協力し合う活動や充実した共同生活の体験を通して，<u>好ましい人間関係</u>を深める。とくに，異年齢集団の活動は<u>思いやりの心や協力し合う態度</u>を育て

③　学校行事などの内容相互の関連を図る活動を通して，学校の伝統を継承し，よりよく発展させようとする愛校心や学校への所属感を深める。
④　児童生徒が，自分たちの活動組織として，地域社会の諸活動やボランティア活動への参加・協力，地域の人々との温かい交流を通して，人間としての生き方を自覚するとともに，豊かな人間性や公共心などを育てる。

2　児童会・生徒会活動の活動内容

児童会・生徒会活動の活動内容は，基本的には小・中学校とも学校生活の充実・発展に資する活動を行うものであり，以下のように大別される。

小学校の活動内容	中学校の活動内容
1　代表委員会活動 ・学校生活の充実と向上を図るために，学校生活の諸問題を話し合い，解決を図る活動を行う。 ・主として高学年児童が運営し，学級の代表者などが参加して話し合う。 ・話し合いにあっては，全校児童の意向を反映し，自分たちの学校生活をより向上発展させる活動を行う。 2　委員会活動 ・学校内の自分たちの仕事を役割分担して処理する活動を行う。その活動は自分たちの発意発想と創意工夫によって展開されるものである。 ・主として高学年児童がいくつかの委員会に分かれ，学校生活の向上発展に資する活動を行う。 ・その名称は，集会，放送，新聞，環境美化，飼育栽培，図書，保健，ボランティアなどが考えられる。 3　児童集会活動 ・児童会の主催で行われる集会活動であ	1　学校生活の充実や改善向上を図る活動 ・学校内で行われる生徒会の中心になる活動である。各活動の企画立案，実施運営，生徒会の規約や組織の改廃，役員や委員の選出などの活動を行う。 ・学校生活での充実した集団生活を営むための規律とよき校風の確立のための活動を行う。とくに学校行事との関連を図る。 ・環境の保全や美化のための活動を行う。たとえば，校内美化活動や緑化運動，ゴミ問題などへの課題意識を深める活動。 ・生徒会新聞の発行や読書会，音楽鑑賞会など，生徒の教養や情操向上のための活動を行う。生徒の創意工夫を生かす活動。 ・新入生を迎える会や球技大会など，活動を通して生徒同士が心の交流を図り，好ましい人間関係を深める活動を行う。 ・いじめや暴力問題など，身近な問題の

る。全校児童で行う全校児童集会や学年で行う学年集会などがある。 • 全校または学年の児童が一堂に会して，活動計画や内容についての協議，活動状況の報告・連絡，集会などを行う。 • 児童の自発的・自治的な集会活動であって，教師が計画し学校行事として行うものとは異なるものである。	解決を図る活動を行う。互いの生き方を見つめ，正義感や倫理観を身につける活動。 2　生徒の諸活動の連絡調整に関する活動 • 生徒会行事と各学級との連絡，部活動間の連絡，利用施設等の調整など。 3　学校行事への協力に関する活動 • 学校行事の趣旨の理解，計画や実施への積極的な協力と参加，生徒相互の連帯感の深まりなど。 4　ボランティア活動等の社会参加の活動 • 地域のボランティア活動への参加，他校との交流，地域との触れ合い活動など。

3　異年齢による集団活動と児童生徒の成長

　近年，児童生徒の問題行動として，いじめや暴力行為，不登校などが増加傾向にある。また，核家族化や少子化現象にともない，対人関係のあり方に偏りやゆがみを持つ児童生徒も少なくない。これらは，児童生徒の個性の発達や社会性の育成，人間としての生き方になんらかの問題を提起している。

　このような状況にあって，児童会・生徒会活動の特質とされる学級や学年の枠を超えた異年齢集団は，年齢や能力・経験などにちがいをもって構成する集団であるだけに，その活動から互いに多様な価値観を学び合うことができる。そして，児童生徒同士が協力し合う活動を展開することによって，相互に思いやりの心が深まり，集団成員の所属感も強まることが期待される。

　実際の指導に当たって，以下の点に留意しその特性を生かすようにしたい。
• 自分とは異なった観点から考え行動する人からの学びを大切にし，個と集団の望ましいあり方を考え，対人関係について体験的に学び合う。
• 単に上級生・年長者に追随する活動に流されることなく，できるだけ一人ひとりの児童生徒がなんらかの役割を分担し，活躍の場をつくるようにする。

- 下級生と上級生相互の尊敬や憧れの念，思いやりの心や激励の気持ちなどが育つようにする。また，民主的なリーダーシップが育つようにする。

　このような特性のよさとともに，異年齢集団に生じやすいマイナス面も理解しておきたい。同年齢の集団では，比較的簡単になじみやすい人間関係や気軽に言葉を交わす雰囲気を形成しやすい。しかし，異年齢の集団では気心の知れた関係づくりにある程度の時間を必要とするなど，実質的なコミュニケーションの不成立がおきやすい。また，上級生が必要以上に責任感を抱いたり，下級生に対して弱い者いじめをしたりする場合があろう。指導に当たって，その状況をよく見極めるとともに適切な指導助言を工夫することが大切である。

② 児童会・生徒会活動の実際

1 児童会・生徒会活動の指導計画および組織

(1) 指導計画の作成

　児童会・生徒会活動の指導計画を作成する際，①指導のねらいを明確にする，②児童生徒の実態を考慮する，③学校の規模や状況・地域の実態に即する，④全教師が協力して作成する，⑤他の教育活動との有機的な関連を図るなどの諸点に留意する。また，基本的な枠組みとして以下の事項を考えておきたい。

　ア　実施学年……その対象を明らかにする（全校か，学年かなど）。小学校の場合，主として高学年が運営に当たる。中学校では，その主たる担当を明確にしておく（生徒会役員か，各種委員会かなど）。

　イ　各種委員会への所属……異年齢の児童生徒が相互に協力して活動できるようにする。また，1年間は同一の委員会に属して活動できるように配慮する。

　ウ　活動時間の設定……学習指導要領の総則に「年間，学期ごと，月ごとなどに適切な授業時数を充てるものとする」と示されている。一般に，代表委員会や生徒評議会，各種委員会の話し合いなどの活動時間として月1回程度，集会活動の時間として学期2回程度の設定が考えられよう。

(2) 組　織

　児童会・生徒会活動の組織は，〈全校の児童生徒をもって組織する〉のであるから，学校の規模や実態などを考えるとともに児童生徒の希望も反映できるようにする。そして，児童生徒の自発的・自治的活動が生かされるよう必要に応じて工夫・改善できるような組織づくりをする。

　一般に，小学校では各学級（主に高学年）と委員会の代表による代表委員会，校内の仕事分担をする委員会活動によって構成される。中学校では，生徒会の最高審議機関である生徒総会，生徒会に提出する議案の審議などを行う生徒評議会（中央委員会），年間の活動計画の作成などを行う生徒会役員会，生徒会の実質的な仕事を分担する各種委員会などの組織がつくられている。

(3) 指導計画の例（A小学校の概要）

	平成〇年度　　A小学校児童会活動の指導計画
ねらい	全校の児童が自分たちの学校生活を充実・向上させるために協力し合う活動を行うことによって，自主性と社会性を養う。 ・自分たちの学校生活に関する諸問題の解決を積極的に図る。 ・校内の仕事を役割分担して，その活動を自発的・自治的に行う。
・活動内容 ・組織および 　活動時間等	①代表委員会活動……学校生活に関する諸問題について話し合い，その解決を図る活動を行う。主たる運営は，高学年の代表委員が行う。 ・4年生以上の各学級代表と各委員会の代表で組織する。必要に応じてクラブ代表および3年生以下の児童の代表を含める。 ・任期は，前期・後期ごととする。 ・月に1回程度定例会を開催する（火曜日の6時間目を予定）。 ・児童会役員は，その代表委員の中から互選する。 ②委員会活動……学校内の自分たちの仕事を分担処理する活動を行う。 ・次の9つの委員会を設置する。（新聞，放送，集会，保健，運動，図書，環境，ボランティア，飼育栽培） ・5・6年生によって組織し，原則として1年間の所属とする。 ・月に1回程度定例会を開催する（木曜日の6時間目を予定）。 ③児童集会活動……全校・学年の児童が一堂に会して，活動計画や内容についての協議，活動状況の報告・連絡，集会などの活動を行う。 ・全校児童集会を学期に2回程度行う。 ・短時間の全校集会を毎週水曜日の朝（8：30～45分）に行う。 ・学年などによる集会は，必要に応じて適切な時間を設定して行う。

第8章 児童会・生徒会活動，クラブ活動

2 活動の実際例

小学校の代表委員会の実際例を紹介する。議題箱からの案を代表委員会で話し合い，必要な事項を決定し，実際の「楽しい全校遊び」に発展させた事例である。

項　目	主な活動の内容など
1　議題	「全校のみんなで遊ぶ計画を立てよう」
2　活動のねらい	・休み時間に他の学年のみんなと楽しく遊ぶ計画を立てる。 ・話し合った計画をもとにして，楽しく遊ぶ。
3　活動の経過	①6月2日（水）計画委員会……議題箱に入っていた議題案から，「休み時間にみんなで遊びたい。みんなと仲良くなりたいから」という意見を案として選ぶ。各学級にどんな遊びをしたいか調査する。 ②6月9日（水）計画委員会……調査を集計する。代表委員会の実施計画を作成する。全校に議題を知らせる。 ③6月15日（火）代表委員会……計画によって話し合う ・主な内容 　1. 始めの言葉 　2. 議題とねらいの発表，提案理由の説明 　3. 話し合い……ⅰどこで何をして遊ぶか（調査結果の発表） 　　　　　　　　ⅱどんな役割が必要か 　　　　　　　　ⅲ遊ぶ学年の組み合わせをどうするか 　4. 決まったことの発表 　　（遊びの種類…なわとび，ドッチボール，氷おに，Ｓケン） 　　（役割…用具係，会場係，遊びリーダー係） 　　（学年…1年と6年，2年と4年，3年と5年） 　　（遊ぶ日…6／21～25までの5日間，20分休み） 　5. 先生の話 　6. 終わりの言葉 ④6月21日～25日の休み時間……他の学年友達と楽しく遊ぶ
4　活動のまとめ	・各学級から事前にアンケートを取ったのがよかった。 ・みんなで遊ぶ議題であったため，低学年も話し合いに積極的だった。 ・実際の遊びで，「1年生との鬼ごっこが楽しかった」「また2学期にも計画して欲しい」などの感想があった。

中学校の生徒評議会にあっても，題材に即してある程度のステップを考えておくようにする。たとえば，次の例が考えられる（概要のみ示す）。

① 各学級や委員会，部活動などから全校的な立場で話し合う議題を選定する。
② 生徒評議会で，議題案を検討し，評議会の計画を立て，全校に告知する。
③ 生徒評議会を開催する。（議題「ボランティア活動をしよう」の場合）
④ 話し合いで決まったことを関係の担当者に説明する。→ボランティア委員会
⑤ 実際の活動を展開する。「○○福祉苑」に出かけ，福祉活動をする。
⑥ 全校生徒集会で，福祉苑での活動報告を行う。
⑦ 生徒役員会で活動の評価をする。そして，次回の計画を立案する。

また，「全校の児童生徒の声をいかに集めるか」という考えから，いろいろな工夫をした小学校の事例を紹介する。

① 意見ポストを設置して，全校の児童に呼びかける……ダンボール箱でポストを作り，廊下や階段など全校の８箇所に設置する。ポストのそばに，代表委員手づくりの「意見カード」と鉛筆を置いておく。
② 各学級から声を聞く……毎週１回，代表委員が手分けして各学級を回り，各委員会や全校集会などのお知らせを伝えるようにする。そのなかで，代表委員会で話し合ってほしいことを聞くようにしている。とくに，低学年の教室では丁寧にわかりやすく話すようにしている。
③ 児童会コーナーを設置する……各委員会や全校児童のいろいろな活躍を紹介する掲示板を設けている。主に，新聞委員会が管理することになっている。「友達のよかった探しをしよう」は，人気のコーナーになっている。

3 クラブ活動の特質および内容

1 クラブ活動のねらいとその教育的意義

(1) クラブ活動のねらい

クラブ活動は，新学習指導要領では小学校の特別活動だけに位置づけられた教育活動である。クラブ活動について，小学校学習指導要領第４章第２で次のように示している。

> C　クラブ活動
> 　クラブ活動においては，学年や学級の所属を離れ，主として第4学年以上の同好の児童をもって組織するクラブにおいて，共通の興味や関心を追求する活動を行うこと。

　また，同第4章第3の1(3)には，その指導計画の作成に当たって，次のように配慮するものとしている。

> (3)　クラブ活動については，学校や地域の実態等を考慮しつつ児童の興味・関心を踏まえて計画し実施できるようにすること。

　このような学習指導要領の位置づけが，クラブ活動の特質を明確に示している部分である。すなわち，学年や学級の異なった同好の児童による共通の興味・関心を追求する集団活動として展開されるところにその特質がある。

　互いに共通する興味・関心を追求する活動は，児童にとって魅力的であり異年齢の仲間と協力し合う喜びを味わうことができる。このことが，児童自身の個性をさらに磨き，より充実した学校生活への動機づけになるものである。指導に当たっては，異学年・異学級の児童が協力し合いながら各自の能力や特性を発揮して，楽しく豊かな集団活動が実施できるように工夫する必要がある。

　以上のことから，クラブ活動のねらいを次のように表現することができる。……同好の児童が，所属する集団の生活を楽しく豊かなものにしようとする意図の下に，共通の興味・関心を追求する活動を自発的・自治的に行うことによって，自主性と社会性を養い，個性の伸長を図る。……

　なお，中学校のクラブ活動の廃止について（部活動への統合）は，その理由として，次のような諸点をあげることができる。

①　中学校のクラブ活動の〈部活動代替〉が一般化している。文部科学省の「特別活動の実施状況調査」（平成9年7月）によると，クラブ活動を全面的またはその一部で〈部活動代替〉としている学校は全国で83.6％である。これまでの教育課程としてのクラブ活動の意義が，部活動で担われている現状がある。生徒の多くが，部活動で自己実現している状況もみられる。

②　地域の関係諸団体等との連携が深まっている。青少年の健全育成を目的

として，生徒のための文化活動やスポーツ教室などが活発化している。絵画教室やジュニアオーケストラ，読書会，野球，サッカー，バスケットボールなどである。学校週5日制下では，こうした異年齢の集団活動として地域のさまざまな「クラブやサークル」の広がりがみられる。
③ 「総合的な学習の時間」が設定され，生徒の創意工夫を生かした教育活動がより充実する。生徒の興味・関心を生かす活動や自由選択による学習活動，グループ活動や異年齢の仲間による活動などが，この時間に生かされる。

(2) その教育的意義

クラブ活動は，同好の児童が学年や学級の枠を超えて，共通の興味・関心を追求する集団活動である。異年齢の仲間と協力し合い，それぞれの個性を発揮し合い，楽しい活動を体験する。このような教育活動は，クラブ活動独特のものであり，児童にとって貴重な学習の場である。

① 共通の課題を見出し，自分たちで考え，判断し，選択し，責任を持って活動するなかで，児童相互の人間関係が深まり個々のよさが発揮される。
② とくに，異年齢集団の活動として，思いやりの心や協力し合う態度が育つ。
③ 児童が自分たちの創意工夫を生かす自発的・自治的な活動を展開するなかで，課題解決の力や自主的・実践的な態度が身につく。
④ 学校週5日制の実施にともない，児童の日常生活において余暇を有効に活用しようとする積極的な姿勢を身につけることができる。
⑤ 学校を離れた地域社会でも，クラブ活動の学びを発展的に行うことが期待され，地域の人材や施設・設備などの活用も考えられる。

2 クラブ活動の活動内容

クラブ活動の活動内容は，大別して次の3つが考えられる。

ア　クラブの計画，運営に関する話し合いの活動
・所属する児童の話し合いによってより具体的な実施計画を作成する。
・その内容は，年間の活動計画と内容，役割分担などが中心になる。その

際，前年度の実績や児童の意見などを参考にする。
- 実際の活動が児童の手によって行われることから，必要に応じて全員が集まり，途中の計画の修正や運営のあり方を話し合う。

イ 共通の興味・関心を追求する活動
- 児童自らが，興味・関心のある活動を選択して行うことから，活動時間の多くがこれを追求していく活動である。
- この活動では，全員が共同して活動を行う場合といくつのグループに分かれて行う場合がある。いずれも，児童同士が互いに協力して活動する。

ウ クラブの成果を発表する活動
- 児童の活動意欲を高め，クラブ活動をより充実させるために各クラブの活動の成果を発表し合う機会を設定する。
- 具体的には，運動会や学芸会などの学校行事，児童集会活動の場などである。また，校内放送や掲示物などによる日常の発表も考えられる。

4 クラブ活動の実際

1 クラブ活動の指導計画および組織

(1) 指導計画の作成

クラブ活動の指導計画を作成する際，児童会活動などと同様，①指導のねらいを明確にする，②児童の実態を考慮する，③学校の規模や状況・地域の実態，前年度までの実績などに留意する，④全教師が協力して作成する，⑤他の教育活動との有機的な関連を図るなどに配慮する。

また，基本的な枠組みとして以下の事項を考えておきたい。

ア 実施学年……主として第4学年以上の同好の児童による活動である。小規模校などにあっては，第4学年以下の学年からの実施も考えられる。

イ クラブへの所属……児童の興味・関心による選択を重視する。計画的・継続的な活動を展開する上からも，その学年において同一のクラブに所属する。

ウ 活動時間の設定……学習指導要領の総則に「年間，学期ごと，月ごとな

どに適切な授業時数を充てるものとする」と示されている。児童の興味・関心を継続的に生かし，クラブ活動の特質を考えて指導するとき，少なくとも年間に25～30時間程度を設定できるようにしたい。

エ　児童による活動計画の作成……クラブ活動は児童の主体的な活動を重視することから，児童自身が活動内容や必要な材料なども考え，計画できるようにする。また，地域の人材や社会施設の活用等も視野に入れた計画を作成する。

(2) 組　織

クラブ活動の組織は，児童の興味・関心が多様化していることから，その種類が多方面にわたることが考えられる。したがって，児童の発意発想を重視して，学校の規模や実態，地域の状況なども考えてクラブを設定する。個々のクラブの名称や活動内容については，児童の考えを生かして決定したい。

一般には，①クラブ活動に対する正しい理解を深め児童の興味・関心を生かした組織をつくる，②教科的な色彩が強い組織にならないようにする（教科の学習の延長であればその特質が生かせない），③学校や地域の実態に即した組織をつくる（指導教師や教室・施設などの数，地域との連携などにも配慮する）などを工夫したい。

また，児童の希望や時代の状況等を考え，奉仕活動に関するクラブや情報教育に関するクラブ，地域の特色を生かしたクラブ，国際理解教育の視点からのクラブの設置なども考えられる。

(3) 指導計画の例（A小学校の概要）

	平成〇年度　A小学校クラブ活動の指導計画
ねらい	同好の児童が，所属するクラブの生活を楽しく豊かな活動を行うことによって，自主性と社会性を養い，個性の伸長を図る。 ○自発的・自治的に自分たちの興味・関心を追求する活動を行う。 ○所属するクラブの人間関係を通して，異年齢集団による思いやりの心を味わい，互いに学び合い協力し合う態度を身につける。
活動内容	①計画や運営に関する話し合いの活動……所属する児童全員が集まり，計画や運営について話し合う活動を行う。 ②共通の興味・関心を追求する活動……クラブ活動の中心的活動であり，

	互いの興味・関心を児童の創意工夫を生かして追求する。 ③成果を発表する活動……活動の成果を発表し合う機会を設定し，児童の達成意欲を認め励まし活動をさらに充実する。
組織および 活動時間等	○本年度の設置クラブ……以下の13のクラブ 　手話，サッカー，科学実験，ソフトボール，コーラス，絵画，演劇，英会話，クッキング，ボランティア，バスケット，手芸，一輪車 ○組織……第4学年以上の児童によって行う。各クラブに担当の教師が最低1名つくようにする。 ○授業時数……毎月第1週を除く，金曜日の6時間目に原則的に行う。その際，1単位を60分（2：30〜3：30）とする。年間28回を予定する。 ○発表会……児童の希望により，運動会や学芸会の機会を提供する。全体のクラブ発表会は，3年生への入部指導を兼ねて2月下旬に2単位時間を設定して行う。 ○その他……次年度の所属については，可能な限り本年度中に行う。 　・クラブの設置および所属については，児童の希望を最優先する。

2　クラブ活動の実際例

小学校の「バスケットボールクラブ」活動例を紹介する。実践活動の手立て，各学期ごとの状況，年間計画の実際などが明確に位置づけられた例である。

事例項目	主な活動内容など
1　クラブ名	「バスケットボールクラブ」
2　部員数	4年—8名，5年—9名，6年—11名　　計28名
3 指導のねらい	・児童の興味・関心を生かし，クラブの仲間と楽しく活動する。 ・他の学年友達にバスケットの技術を学び合い，協力し合う。
4 児童の意欲を高める指導の工夫	①バスケットクラブ活動記録票……個々に記録票を用意する。個人のめあて，活動内容の実際，毎回の反省，感想などを記録する。 ②活動計画を輪番で立案する……毎回の活動内容をクラブ長，各学年から1名，計4名で話し合う。クラブ長以外のメンバーは，各学年の輪番で選出する。年間全員が経験する。 ③「チーム作戦会議」を開く……クラブの時間前の5分程度，この時間を設定する。互いにルールを確認したり，今日のポジションを話し合ったりする。協力する態度や思いやりの心が育っている。
	【1学期】・昨年度から引き続いてバスケットクラブに所属している児童がリーダー役になり，4年生や新人に助言している。

5 各学期ごとの活動状況	・メンバーを3チームに分け，毎回練習試合ができるようにした。 ・各チームに，班長，作戦班，練習メニュー班を置く。 ・事前に計画を相談するが，ほぼ児童にまかせることにしている。 【2学期】・計画が1学期からのマンネリになっている。各チームでどんな工夫をしたらよいか，話し合った。 ・児童の提案で，メンバーチェンジをすることにした。 ・計画表の書き方を話し合った。仲間から教えてもらったことを自分の感想にして書けるようになってきた。 【3学期】（省略）
6 年間の活動計画 ＊（ ）はその月の実施回数	4月（2回）……部員の確認，紹介，組織づくり，パスなどの基本練習 5月（3回）……チームごとの練習，練習試合，記録票の理解 6月（3回）……フォーメーションづくり，トーナメントの試合 7月（2回）……リーグ戦，基本練習の反省，1学期のまとめ （8月以降，省略）

　なお，具体的な実践に当たって，クラブの種類や活動の内容などを考え合わせて，「総合的な学習の時間」との関連を図りたい。クラブ活動が求めている自分たちで課題を見つけ，自分の興味・関心を追求し，自発的・自治的に活動することは，この時間の学びと共通する部分が少なくない。相互の関連性，補完性を重視する必要がある。たとえば，郷土クラブや手話クラブ，ボランティアクラブなどで得た体験や知識を，地域の福祉施設を訪問しての学習（「高齢者から昔の遊びを教えてもらう」・4年生の総合的な学習の時間の学び）などに生かすことができる。この学習体験を継続的なクラブ活動に生かし，自分たちのクラブ活動の特色にすることも意味ある実践である。

推薦図書
(1) 宮川八岐・有村久春編『小学校新学習指導要領Q&A／特別活動編』教育出版，1999年。
(2) 有村久春『子どもとかかわる基本技術』教育出版，1997年。
(3) 宇留田敬一『教育学大全集32・特別活動論』第一法規出版，1981年。
(4) 時松茂親・白井健二編『人間形成と特別活動』ぎょうせい，1979年。

（有村久春）

第9章　学校行事

　学校行事は，日常の学習や経験を総合的に発揮し，その発展を図る教育活動である。と同時に，学校行事は，全校または学年を単位として体験的な集団活動を展開していくところに特質の一つがある。このような大きな集団ではおのずと他の学級や学年の児童との交流が生れ，児童は，日常の学級を中心とした生活では得られないさまざまな体験をしていく。

　しかしながら一方においては，大きな集団による活動であるがゆえに，児童一人ひとり，つまり個に応じた指導が課題となってくる。

　集団としての一律の動きや出来栄えにとらわれることなく，児童一人ひとりが活動の過程においてその子らしさを発揮できているかどうか，個性をひらくことができているかどうかに着目した指導が一層必要となる。

　本章では，今回の学習指導要領の改訂点にも触れながら，とくに小学校に焦点を当てて，児童一人ひとりの個性を開く上で工夫すべき点を行事ごとに整理し，述べてみたい。

1　個性をひらく学校行事

　学校行事は，儀式的行事，学芸的行事，健康安全・体育的行事，遠足・集団宿泊的行事，勤労生産・奉仕的行事の5つの種類によって構成されている。

　この学校行事については，学習指導要領に次のように示されている。

> 学校行事においては，全校又は学年を単位として，学校生活に秩序と変化を与え，集団への所属感を深め，学校生活の充実と発展に資する体験的な活動を行うこと。

　そして，学習指導要領解説には，ねらいが次のように示されている。

　「全校又は学年という大きな集団の中で，児童の積極的な参加による体

験的な活動を行うことによって，学校生活に秩序と変化を与え，全校及び学年集団への所属感を深め，日常の学習成果の総合的な発展を図って，学校生活の充実と発展に資するようにするとともに，集団行動における望ましい態度や協力してよりよい学校生活を築こうとする態度を育てる。」

このように，学校行事は，全校または学年を単位として体験的な集団生活を展開していくところに特質の一つがある。大きな集団の一員として互いに協力していくなかで大きな集団への所属感や一体感を一層深め，規律，協同，責任，思いやりなどの集団行動における望ましい態度も養われていく。

しかしながら一方においては，大きな集団による活動であるがゆえに，児童一人ひとりのよさや可能性が発揮されているか，つまり個性が開かれているかについて一層着目していく必要もある。大きな集団活動において，いかに児童一人ひとりの個性を発揮させることができているかどうか，その工夫点を探っていくことが，われわれ指導者としての役目でもあるといえよう。

各行事において，児童一人ひとりが，どのような資質・能力や興味・関心をもち，どのような心身の状態，あるいは人間関係のなかで大きな集団の活動に関わっているのか。また，体験的な活動のなかで，どのように他と関わり，自分らしさを発揮していっているのか。このような視点で児童一人ひとりを見取り，個性を開く指導を心掛け，児童の個性を開くことへの工夫が求められる。

以下，今回の学習指導要領の改訂点にも触れながら，児童の個性を開く上で学校行事の各種類ごとに展開上工夫すべき点について述べてみる。

2　各行事における展開の工夫

1　儀式的行事

儀式的行事は，学習指導要領に次のように示されている。

> 学校生活に有意義な変化や折り目を付け，厳粛で清新な気分を味わい，新しい生活の展開への動機付けとなるような活動を行うこと。

そして，学習指導要領解説には，ねらいが次のように示されている。

第9章　学校行事

　「児童の学校生活に一つの転機を与え，児童が相互に祝い合い励まし合って喜びを共にし，決意も新たに新しい生活への希望や意欲をもてるような動機付けを行い，学校，社会，国家などへの所属感を深めるとともに，厳かな機会を通して集団の場における規律，気品のある態度を育てる。」
　儀式的行事としては，入学式，卒業式，始業式，終業式，修了式，開校記念に関する儀式，新任式，離任式，朝会などが考えられるが，個性を開く儀式的行事を目指していく上で，これからは次のような工夫が考えられる。

(1)　日常の学習成果を生かし，積極的に参加できる工夫
　儀式的行事については，その学校の伝統や形式を重んじることから，ややもすると児童の自主的な活動を取り入れにくい行事といえる。
　しかしながら，式の内容に児童の自主的な活動の取入れに努めることによって，児童の積極的な参加が期待できる。
　たとえば，始業式や終業式など次第のなかに「児童の言葉」を取入れるような工夫をしている例も見られる。代表児童の言葉を聞くことで，児童は各自の思いをその言葉に重ね合わせて味わい，積極的に式に参加していく。自主的な活動の場を設けることによって，新たな生活への意欲をもつに違いない。
　入学式などで，児童が新入生に出し物を披露する工夫の例もある。式場の広さの関係や，式にかかる時間の長さから途中退場の場合もあるが，自主的な活動を取入れることによって，児童は新入生を迎え入れた喜びを味わう。

(2)　各行事のねらいを明確にし，絶えず内容に創意を加える工夫
　開校記念に関する行事などにおいて，教師が作成した資料を提示し，開校当時あるいはそれ以降の経緯について知らせ，講話を行う学校もある。
　一方，児童の発想による自主的活動を取り入れている学校もある。
　たとえば，「理想の学校ディスカッション」と称して，各学年から選ばれたパネラーと校長とで未来の学校について話し合うような活動も，また，児童会の運営委員が中心となって学校に関するクイズを出す活動の例も見受けられる。
　このような工夫を凝らすことによって，児童は，受け身でない活動に意欲的に参加し，この式を機に学校集団の一員としての自覚を深めていっている。
　その際，式のねらいを十分に意識した上で，形式に流されることなく児童の

自主的な活動をできる限り取り入れていくことが大切である。

(3) 学級活動などにおける指導との関連を図る工夫

　卒業式や入学式などにおいては，厳粛かつ清新な雰囲気のなかで展開されることが望まれる。そのためには，学級における事前指導によって，学校生活に有意義な変化や折り目をつけ，新しい生活の展開への動機づけを行い，学校，社会，国家など集団への所属感を深める意義を理解させることが欠かせない。

　式の意義を十分に理解して参加することで，真に自主的な活動となる。また，卒業式で，卒業生，在校生が呼び掛けをするような例を見受ける。これについては，教師からの言葉を与えられて，それを呼び掛けるようでは，児童の自主的な活動が展開されているということにはならない。

　学級・学年において，在校中に心に残ったことや卒業に当たっての夢・希望に関しての話合いをし，言葉を集め構成して呼び掛けの言葉を創り上げ，個々の思いを生かしていく活動が望まれる。そのことによって，その場に参列している児童が発する言葉となっていく。いずれの言葉を分担するかについても，学級における話合いを通して分担し合うことで，呼び掛けは生きた言葉となる。

2　学芸的行事

学芸的行事は，学習指導要領には次のように示されている。

> 平素の学習活動の成果を総合的に生かし，その向上の意欲を一層高めるような活動を行うこと。

そして，学習指導要領解説には，ねらいが次のように示されている。

>　「児童が学校生活を楽しく豊かなものにするため，互いに努力を認めながら協力して，美しいもの，よりよいものを作り出す喜びを感得するとともに，自己の成長を振り返り，自己を伸ばそうとする意欲をもてるようにする。また，美しいものや優れたものに触れることによって，豊かな情操を育てる。」

このねらいを基盤として，学芸的行事を展開していく工夫が必要となる。

　学芸的行事としては，学芸会，学習発表会，作品展示会，音楽会，読書発表

会，クラブ発表会など，児童が各教科における日頃の学習の成果を総合的に発展させ，発表し合い，互いに鑑賞する行事と，音楽鑑賞会，演劇鑑賞会などの児童の手によらない作品や催し物を鑑賞する行事とがある。

個性をひらくことをめざす上で，次のような工夫が必要となる。

(1) 児童の思いを汲み取り自主的な活動とする工夫

学芸的行事は，平素の学習活動の成果を総合的に生かすことから，児童の興味・関心や思いを十分に汲み取り参加させることが大切となる。

たとえば音楽会などの場合，対象が音楽とはいっても，器楽演奏に興味を示す児童，合唱に関心をもつ児童などさまざまであろう。学芸会や学習発表会などにおいても活動内容への興味・関心は同様にさまざまであろう。

発表に向けての過程において，児童は学級，学年集団への連帯感，また，相互の発表によって学校集団への所属感を味わっていくわけであるが，児童の興味・関心を生かした活動内容や役割分担を生かし展開したいものである。

事前に児童の思いをアンケートなどで十分に汲み取り，活動内容を決めたり役割を分担したりしていくことによって，児童は一層積極的に活動に関わっていき，向上への意欲をもつであろう。また，運営に当たっては，児童会などの組織を活用して自主的な活動と出来るよう努めることも大切である。

(2) 鑑賞の仕方の工夫

作品展示会などでも，鑑賞の際に児童一人ひとりの興味・関心を大切にしてやりたい。学級あるいは学年単位で作品を鑑賞することが多いであろうが，その際，担任の教師の後ろに列を作り，一定の順路を一律に巡り歩く傾向がないわけではない。

鑑賞に当たっては，当然，事前に行事のねらいについての指導がなされるであろうが，それ以外にも，児童一人ひとりの興味・関心に応じて個々にじっくりと鑑賞する場面を設けるなどの工夫をしたいものである。

また，学校によっては，作品展などにおいて児童の作品と一緒に地域の人々の作品も並行して展示し互いに鑑賞し合うなど新たな工夫も見られる。

さらには，近隣の中学校の吹奏楽部の演奏を鑑賞するなど，小・中学校の交流を含めた学芸的行事の展開を試みている学校もある。

(3) 児童に過重な負担をかけることのないようにする工夫

　学芸会，学習発表会，作品展示会などで，その出来栄えや成果をあまりにも気にしすぎて，練習や準備に過重な負担をかけている場合もあるやに聞く。

　学芸的行事は，あくまでも各教科などにおける日頃の学習の成果を総合的に発展させるものであり，その向上の意欲を一層高めるものであることを忘れてはならない。

　また，学芸的行事は，特定の児童だけが参加，発表するのではなく，何らかの形で全員が参加しているという意識をもてるようにすることが大切であることから，過重な負担を一部の児童に課することは厳に慎みたいものである。

　全員が何らかの役割を分担し，その活動の過程において培われる，児童個々の自己存在感や所属感・連帯感などに意識を向けることが指導者としては大切である。また，発表後の後始末などをしっかりとやらせることも必要である。

3　健康安全・体育的行事

　健康安全・体育的行事は，学習指導要領に次のように示されている。

> 　心身の健全な発達や健康の保持増進などについての関心を高め，安全な行動や規律ある集団行動の体得，運動に親しむ態度の育成，責任感や連帯感の涵養，体力の向上などに資するような活動を行うこと。

　そして，学習指導要領解説には，ねらいが次のように示されている。

　　「児童自らが自己の発育や健康状態について関心をもち，心身の健康の保持増進に努めるとともに，安全な生活に対する理解を深め，さらに体育的な集団活動を通じて，心身ともに健全な生活の実践に必要な習慣や態度を育成する。また，児童が運動に親しみ，楽しさを味わえるようにするとともに体力の向上を図る。」

　健康安全・体育的行事には，健康診断や給食に関する意識を高めるなどの健康に関する行事，避難訓練や交通安全等の安全に関する行事，運動会や球技大会等の体育的な行事などが考えられる。ねらいを基盤として，個性を開くことを目指して健康安全・体育的行事を展開していくこととなるが，次のような工夫が必要である。

(1) 児童の心身の状況を把握する工夫

　健康安全・体育的行事においては，なによりもまず，児童の心身の健康状況を適切に把握して指導に臨むことが，児童の個性を開く上での基盤となる。

　それには学級担任の教師の把握が原則となるが，その情報を教師間で各行事の事前に報告し合い，配慮を要する児童について全職員が認識しておくことも重要である。とくに，活発な身体活動をともなう行事の実施に当たっては，児童の健康や安全にとくに留意し，教師間の協力体制を整え，事故防止に努める必要がある。

　また，学級活動の「心身ともに健康で安全な生活態度の形成」に関する内容の指導の際に，学校行事との関連する内容を盛り込み，事前の指導とする工夫も考えられる。

(2) 実施に至るまでの過程を大切にする工夫

　運動会などの場合，演技や競技の出来栄えをあまりにも気にしすぎて，児童自身の運動会であることを忘れることがないようにしたいものである。

　演技の表現などに，児童の創意工夫を積極的に盛り込んでいる事例や参加種目に児童の選択の余地を残す事例など，児童の自主的な活動を大切にしていこうとする工夫の例も見受けられる。

　運動会においては，学校や地域の特色から児童以外の参加種目を設ける工夫も見受けられる。しかしそのような場合，運動会の教育的意義を損なわない範囲にどどめるよう配慮することが大切である。

　各種の競技会などにおいても，いたずらに結果としての勝負にこだわることなく，児童一人ひとりが競技にむけて役割を果たした努力の過程を認め，また，一部の児童の活動とならない工夫をしていくことが必要である。

　運動会等において児童会の組織を生かした運営を行い，出来るだけ児童自身の手によって進める工夫も，個性を開く学校行事の展開につながる。

(3) 実態に応じた実施時期と場面の工夫

　病気の予防など健康に関する行事については，学校や地域の実態に即して実施し，出来るだけ集中的，総合的，組織的に行う工夫が必要である。

　避難訓練など安全に関する行事については，具体的な場面を想定して行うこ

とが求められる。とくに，交通安全指導については，新入学児童に対して学年始めに日常の安全な登下校ができるように指導を行うなど，個の発達特性に応じた指導の展開を心掛けることが大切である。

また，遠足・集団宿泊的行事における避難の仕方や安全などについても適宜指導しておく必要がある。

このように安全に関する行事の場合には，学校行事のなかではかなり一律な活動を求めていく展開とはなるが，児童の発達段階や実態に即した指導に心掛けることが個性を開く指導につながっていく。

4　遠足・集団宿泊的行事

遠足・集団宿泊的行事は，学習指導要領に次のように示されている。

> 平素と異なる生活環境にあって，見聞を広め，自然や文化などに親しむとともに，集団生活の在り方や公衆道徳などについての望ましい体験を積むことができるような活動を行うこと。

そして，学習指導要領解説には，ねらいが次のように示されている。

　「校外の豊かな自然や文化に触れる体験を通して，学校における学習活動を充実発展させる。また，校外における集団活動を通して，教師と児童，児童相互の触れ合いを深め，基本的な生活習慣や公衆道徳などについての体験を積み，互いを思いやり，ともに協力して集団生活しようとする態度を育てる。」

このねらいを基盤として，個性を生かし，個性をひらくことをめざして遠足・集団宿泊的行事を展開していく工夫が必要となる。遠足・集団宿泊的行事としては，遠足，修学旅行，野外活動，集団宿泊などが考えられる。

(1)　児童の意見をできるだけ取入れる工夫

児童の自主的な活動の場を十分に考慮し，児童の意見をできるだけ取り入れて活動を進めることが個性を開く学校行事の展開に通じる。このことから，学校行事の展開に児童による活動の選択を取り入れている例も見受けられる。

たとえば，修学旅行や野外活動等の実施において，日程の一部を児童の興味・関心に応じた選択活動として設定している事例もある。

児童が一斉に協力して行動し，集団の一員としての自覚を深める活動としてのカレーライス作りやキャンプファイヤー。それと同時に，児童一人ひとりの興味・関心に応じて分かれ集団活動を展開する選択の活動も組み込まれている。

　児童が選択できる体験的活動としては，自然のなかでの魚釣り体験，牛の乳搾り体験，自然探索オリエンテーリングなどが設定されている。

　児童は，教師から事前にもらった情報あるいは，昨年度実施した際の資料や体験（2年間連続の場合）をもとに各自のコースを決定しておき，体験に関わっていく。児童は個性に応じた活動体験を味わい，充実感を覚える。

　活動の選択は，自主的な活動への第一歩といえる。活動内容にとどまらず，活動上の役割分担の選択も，個性をひらいていく活動の場と考えられる。

(2) その環境でしか実施できない教育活動の工夫

　今回の学習指導要領改訂で重視されたことの一つとして，自然体験の一層の充実があげられる。このことから，野外活動，集団宿泊などの場合において，担任等の実施踏査による現地の状況や安全等の把握に基づき，その場所でしか実施できない活動としての自然体験を組み入れる工夫が必要となる。

　具体的な例として，野外活動でその場の環境を生かし，日程のなかに川遊びの時間をふんだんに組み込んだ例がある。

　職員が川の水位等に気を配り児童の動きを注意深く見守る下で，児童はゆったりとした時の流れのなかで川との触れ合いを深めていく。

　川の生き物に関心を示し探し始める児童。川の水の清らかさに感動し手足を浸して味わう児童。河原の石に興味を示し水切り遊びに興じていく児童。自然と向き合った児童は，飽きることなく各自の課題を追究していく。

　目的地の状況を把握し，その特質を活動に生かしていく工夫が必要となる。

(3) 異年齢集団活動の取り入れの工夫

　これからは，異年齢集団の活動を積極的に取り入れ，互いの交流，触れ合いを深めていくことが大切である。

　その意味から，遠足の場合など，全校であるいは異学年で遠足を実施し，異年齢の児童間の触れ合いを深めている工夫の例も見受けられる。たとえば，目的地までの往復の行動や現地での活動を異年齢集団で行っている。

つねに同じ学級や学年の仲間と行動をともにするだけではなく，ときには，異年齢の構成による活動を通すことによって児童は個性を一層開いていく。

異年齢集団のなかで役割を担い，互いに触れ合いを深めていくなかで，児童一人ひとりがもつ潜在的な力や個性の発揮が期待される。

5　勤労生産・奉仕的行事

勤労生産・奉仕的行事は，学習指導要領に次のように示されている。

> 勤労の尊さや生産の喜びを体得するとともに，ボランティア活動など社会奉仕の精神を涵養する体験が得られるような活動を行うこと。

今回の改訂でとくに重視される内容の学校行事といえる。そして，学習指導要領解説には，ねらいが次のように示されている。

「学校内外の生活のなかで，勤労生産やボランティア精神を養う体験的な活動を経験することによって，勤労の価値や必要性を体得できるようにするとともに，自らを豊かにし，進んで他に奉仕しようとする態度を育てる。」

このねらいを基盤としながら，個性を開くことをめざして勤労生産・奉仕的行事を展開していく工夫が必要となる。勤労生産・奉仕的行事としては，飼育栽培活動，校内美化活動，地域社会の清掃活動，公共施設の清掃活動，福祉施設との交流活動などが考えられる。

(1)　活動の成就感を味わう工夫

勤労生産に関わる行事では生産や収穫の喜び，奉仕的行事では他に奉仕できた喜びをしっかりと味わわせたいものである。そのことが次の活動への意欲とつながっていく。

たとえば，地域の清掃活動をした場合など，集められたごみや雑草の山をみんなに見せる場を設ける工夫などが考えられる。そのことによって，児童は，全校で協力してこれだけ多くのごみを取り除いたのだということを実感し，学校行事の総括的なねらいである集団への所属感を深めていくこととなる。

勤労生産に関わる活動の場合にも，収穫の喜びをみんなで喜び合うような場

の設定を工夫したいものである。

　福祉施設との交流活動のような場合にも，交流の経過が全校に分かるような活動紹介の場の設定が期待される。

(2)　児童の発達段階を考慮した計画の工夫

　前述したとおり，飼育や栽培の活動では，世話を終えた後に生産にともなう大きな喜びを味わうことができる。他に奉仕できた後のすがすがしい満足感も味わうことができる。しかしながら，一方では世話や奉仕活動には難しさや大きな苦労がともなうことが予測される。中断，失敗した場合の落胆も大きい。

　その意味から，活動する対象，内容，期間，役割分担なども児童の発達段階を十分に踏まえた上で活動を進めることが大切である。

　学校外におけるボランティア活動などの実施に当たっても，児童の発達段階を考慮して無理な活動とならないよう配慮する必要がある。

　たとえば，地域の清掃活動のような場合，全学年一律の清掃場所を割り当てるのではなく，学年に応じて範囲や難易度を考慮するなどの工夫が必要となる。

　異年齢集団を構成して活動に当たらせるなどの工夫を凝らすことによって，児童の力量に応じた活動へのかかわり方をさせることができるようになる。

　また，児童の安全に対する配慮も大切なことである。

(3)　活動を継続させる工夫

　ボランティア精神を養う活動，幼児・高齢者や障害のある人々などとの触れ合いなどは，校外の人々や施設を活動の対象として進めることとなる。

　それだけに，校内の思いや都合だけで活動を進めていこうとすると，そこに無理が生じてしまうことが予想される。

　ボランティア精神を養う活動や触れ合いの活動は，長く継続して行うことで自らを豊かにし，進んで他に奉仕しようとする態度が養われていく。交流活動や奉仕活動は最初に意気込み過ぎると，そのうちに負担となり途絶えてしまうことになりかねない。活動の充実や成果を急ぎ求めるのではなく，無理なく，永く行う工夫を凝らし，継続のなかから生まれる成果を期待する方が望ましい。

　活動に携わる集団の規模や内容，時間数なども，少しずつ膨らましながら工夫を加えていく方法をとりたいものである。

③ 学校行事実施上の配慮事項

新学習指導要領の「指導計画と内容の取扱い」のところに,学校行事における工夫点が次のように述べられている

> 学校行事においては,学校や地域および児童の実態に応じて,各種類ごとに,行事およびその内容を重点化するとともに,行事間の関連や統合を図るなど精選して実施すること。また,実施に当たっては,幼児・高齢者や障害のある人々との触れ合い,自然体験や社会体験などを充実するよう工夫すること。

ボランティア精神を養う活動の充実,幼児・高齢者や障害のある人々などとの触れ合いの充実などについてはすでに触れているので,ここでは学校行事全般にわたって,児童一人ひとりの個性を開く上で配慮すべきポイントを3つだけ述べておく。

(1) 事前・事後指導の充実

学校行事は,児童会活動,クラブ活動などのように児童の自発的,自治的な活動を特質とするものではない。しかしながら,ねらいとして児童の積極的な参加による体験的活動を行うことから,主体的な参加への配慮が必要となる。

そのためには,それぞれの意義を理解して行事に参加できるよう,学級活動などとの関連を図っての事前・事後の指導が大切である。

たとえば,幼児・高齢者との触れ合いから運動会などへ招いた場合,事前に具体的な交流の仕方が指導されていた方が触れ合いを深くすることができる。また,事後においてもその意義をしっかりと振り返ることで,児童一人ひとりがそれぞれに応じた今後の触れ合い方を見出していくことにつながる。

(2) 保護者・地域との連携

児童が学校のみでなく家庭・地域で育つことから,学校行事に保護者や地域の方々に協力参加していただくことが増えている。

たとえば,勤労生産・奉仕的行事などで地域の人々と連携をとりながら地域の清掃活動を一緒に行うとか,飼育や栽培活動などで専門的な指導を受け収穫

祭に招待して一緒に喜び合うとか，近隣の小・中学校と地域とが一緒に作品展示会を行うなどの例が見られる。

　学校行事それぞれのねらいに沿いながら，さまざまな人々の視点から児童の活動を支えていくことは，一人ひとりの思いを表出する場を広げることにつながる。

(3) 児童一人ひとりの活動の見取り

　児童の個性をひらくということは，児童一人ひとりの実態や活動の状況に応じた支援を行っていくということである。そのためには，児童一人ひとりをしっかりと見取っていくことが前提となる。

　しかしながら，学校行事においては全校または学年という大きな集団での活動を展開することや学級の枠を外しての活動が多いことから，児童の実態を踏まえた活動の見取りが難しい状況も生じる。そのためにも，教師間の組織的な情報交換の場や意図的な協力体制を工夫して，各行事の指導に臨む必要がある。

推薦図書
(1) 『小学校学習指導要領解説　特別活動編』文部省，1999年。
(2) 『特別活動実践指導全集　学校行事編』日本教育図書センター，2000年。
(3) 『全訂　特別活動読本』教育開発研究所，2000年。
(4) 『新しい教育課程と学習活動の実際　特別活動』東洋館出版社，1999年。
(5) 『高等教育資料　No. 720』文部省，2000年。

（森　　徹）

第3部
個性をひらく特別活動と他の教育活動との関係

第10章 特別活動と道徳教育

　特別活動は，望ましい集団活動を通して，子どもたち一人ひとりの豊かな人間形成を図ることを目的としている。道徳教育は，それらを含めて，人間の根幹を支える道徳性の育成を図ることを目的としている。したがって，学校における特別活動は，道徳教育という大きな視点から，その特徴と役割を押さえておく必要がある。

　本章では，まず，以上のような特別活動と道徳教育との関係について明確にする。次に，特別活動と道徳教育のかなめである道徳の時間との関連について，それぞれの特質を明確にするとともに，それぞれの特質を生かした効果的な連携のあり方について追究する。

　そして，それらをふまえた上で，これからの学校教育の大きな課題である「総合的な学習の時間」と特別活動と道徳の時間との関連を明確にしていくことによって，特別活動と道徳教育との有機的関連について理解と具体化を深められるようにする。

1　特別活動における道徳教育

　道徳教育は，子どもの日常生活から離れて存在するのではない。日常の生活習慣を自ら確立し，日常生活がより楽しく充実したものになることに直接関係する。日常生活におけるさまざまな問題や課題に正面から向き合うことを通して，さまざまな道徳的価値についての学習を行い，日常生活において豊かに道徳的実践ができるようにしていくことが求められる。学校では，そのことを実現するために子どもたちと教師が一体となってさまざまな集団活動が展開される。

　特別活動は，そのための重要な役割を担っている。特別活動の目標は「望ま

しい集団活動を通して、心身の調和のとれた発達と個性の伸張を図るとともに、集団の一員としての自覚を深め、協力してよりよい生活を築こうとする自主的、実践的な態度を育てる（とともに、人間としての生き方についての自覚を深め、自己を生かす能力を養う）」（カッコ内は中学校）となっている。

　もちろん各教科や道徳の時間の学習も、子どもの日常生活のなかに位置づけられ、広い意味での子どもたちの日常生活のあり方の指導がなされる。特別活動はそれらをトータルに把握しながら、学校での集団生活をいかによりよいものにしていくかを考え、自ら実行できるように指導するのである。その基本的な原理が目標の中に示されている。

　それらをもう少し詳しくみると、次のようにとらえられよう。

1　望ましい集団活動の展開

　特別活動の第一の特徴として、「なすことによって学ぶ」ことが指摘される。この場合の「なすこと」とは、望ましい集団活動を行うことである。学校において望ましい集団活動を展開するためには、まず一人ひとりが学級、学校集団のなかに位置づけられていることが大切である。そして、それぞれが役割をもって共通の目標に向かって行動できるときに、望ましい集団活動が展開されることになる。

　したがって、望ましい集団活動には、一人ひとりが大切にされていること、それぞれが役割や課題をもって集団に関わっていること、さらに集団自体が望ましい集団になるための目標をもっていることなどが前提となる。そのようななかで行われる集団活動においては、おのずと道徳性の育成が図られる。

2　心身の調和のとれた発達と個性の伸張

　人間は集団のなかで鍛えられる。互いに切磋琢磨し、協力し合いながら集団活動を展開するなかで、心身の発達や個性の伸張が図られる。特別活動においては、望ましい集団活動として、知、徳、体の調和的な発達が図れるものや、相手への思いやりや自己の向上心などを育むものが取り上げられる。

　そのような活動は、望ましい集団生活を行う上で大切な資質や能力を育み、

実践を通して心身の調和のとれた発達と，内にもつ自らのよさや可能性を発揮し，伸ばしていけることになる。特別活動は，豊かな心の育成を望ましい集団活動を通して総合的に図っているととらえられる。

3 社会性の発達

望ましい集団活動は，同時に望ましい集団生活のあり方をおのずと体得していくものでもある。社会性の発達は，さまざまな集団の役割の取得過程と符合するものであり，子どものパーソナリティ発達の基礎となるものである。望ましい集団活動を通して，みんなで目的をもって取り組むことの楽しさや素晴らしさを実感できる。そして，どのようにすればみんなと力を合わせてより充実した活動を行うことができるのかを学んでいく。

そのことが同時に，集団の一員としての自覚を深めていくことになる。たとえば，協力することや助け合うこと，互いに信頼し合うこと，約束を守ること，公正，公平な態度をもつことなどが必要なことを自覚し，身につけていく。

4 自主的，実践的な態度の育成

特別活動は，望ましい集団活動が，自主的，実践的に行われなければならない。そのことによって子どもたちの自主的，実践的な態度が養われる。すなわち，特別活動は，自主的，実践的な望ましいさまざまな集団活動において，活動そのものを豊かにしていくなかで内面的な自主的，実践的な態度をおのずと育成しようとするのである。

望ましい集団活動における自主的，実践的な態度は，多く道徳的態度と重なる。道徳の時間は，道徳的実践の内なる力の育成を計画的，発展的に図りながら道徳的実践へとつなげる指導が行われる。一方，特別活動は，道徳教育の観点からみれば，道徳的実践を計画的，発展的に取り組むことを通して，実践を豊かにし，あわせて内面的な力の育成を図ろうとするものである。

道徳の時間は，道徳的実践力についての指導が計画的，発展的に行われる。特別活動は，道徳的実践の指導が計画的，発展的に行われる。学校における道徳教育においては，この2つの側面がうまく絡み合うことによって機能してい

くのである。そのことを中心としながら，各教科やその他の教育活動との関連を有機的に図っていくことが求められよう。

5　人間としての生き方の自覚を深め，自己を生かす

結局，特別活動は，望ましい集団活動を通して，実践的に，人間として生きる力を身につけていくものである。そのような実践を繰り返していくことによって，人間として生きるとはどういうことかを実感しつつ自覚を深め，人間としてよりよく生きるために，自分のよさを把握してそれを生かす能力を養っていくことを求めるのである。

この部分は，中学校においてのみ記述されているが，小学校においても十分に意識しておく必要がある。そのことによって，特別活動が，体験を通しての道徳教育を大きな目標としていることが一層理解できる。

② 特別活動の内容と道徳教育

特別活動の内容は，学級活動，児童会活動・生徒会活動，クラブ活動（小学校）および学校行事から構成されている。それぞれの活動が独自性をもちつつ，相互に関連を図りながら，さらに各教科や道徳の時間などと連携して，特別活動の目標の実現を図るのである。そのことを押さえた上で，特別活動の各内容と道徳学習との関連について述べていくことにする。

1　学級活動

学級活動は，小学校では，「学級を単位として，学級生活の充実と向上を図り，健全な生活態度の育成に資する活動を行うこと」になっている。そして「学級や学校の生活の充実と向上に関する」活動と，「日常の生活や学習への適応及び健康や安全に関する」生活態度の育成に資する活動が主に行われる。

中学校では，基本的には小学校と同じであるが，「学級や学校の生活への適応」や「生徒が当面する諸課題への対応」が強調されている。また，具体的な活動においても「個人及び社会の一員としての在り方」や「学業生活の充実，

将来の生き方と進路の適切な選択に関すること」が強調され，より自律的な生き方を具体的な学級生活を通して身につけられるような指導を求めている。

これらのいずれもが道徳学習と大いに関わりをもっている。それぞれの学級活動のなかで，どのような道徳性の育成が図られるのかを，内容項目との関連で示しておく必要がある。具体的な学級経営を道徳教育の視点を中核にして，学級活動と道徳の時間がそれぞれの特質を生かして響きあわせる指導が求められるのである。

文部省発行の『小学校特別活動指導資料　指導計画の作成と指導の工夫』の事例には，次のような第三学年の学級活動の例が示されている。

「学級や学校の生活の充実と向上に関する」ことについては，一学期の例として，学級の歌を作ろう，学級の旗を作ろう，学級のマスコットを決めよう，学級の合い言葉を決めようなどがあげられている。これらは，学級や学校を愛する心を育てる道徳学習と関わりをもつ。また，歌詞や旗のなかに一人ひとりの願いを含めたり，マスコットを道徳の資料に出てくる主人公にしたりすることを通して，道徳の時間との関連をいっそう図ることができる。

「日常の生活や学習への適用および健康や安全に関する」ことについては，「こんな三年生になりたい」という題材のもとに，当番活動の進め方，友達をつくる，学級のめあて，朝や帰りの会の進め方などの指導が計画されている。自らの役割を果たすことの大切さや，協力して学級を運営していくことの大切さ，また友達と仲よくしていくには何が大切かなどについての話し合い活動や，それを基にしての実践活動が計画される。それらと道徳の時間の関連のある内容項目の学習とを結びつけていくこともできよう。

小学校の学習指導要領では，「日常の生活や学習への適用および健康や安全に関する」指導内容として，「不安や悩みの解消，基本的な生活習慣の形成，望ましい人間関係の育成，意欲的な学習態度の形成，学校図書館の利用や情報の適切な活用，健康で安全な生活態度の形成，学校給食など」があげられている。

これらの指導は，いずれも道徳の内容項目の学習と関連をもっている。たとえば基本的な生活習慣の形成は，1の(1)や2の(2)，4の(1)（高学年は4の(2)）

と強く結びついているし，望ましい人間関係の育成は，2の視点全体が関わりをもつ。学校図書館の利用や情報の適切な活用においては，情報モラルの学習も含めて多面的に道徳の時間の学習と関連をもたせることができる。

　また，中学校で加えられている「学業生活の充実，将来の生き方と進路の適切な選択に関すること」には，「学ぶことの意義の理解」や「望ましい職業観・勤労観」など，直接，道徳的価値の自覚と結びつく活動があげられている。

2　児童会活動・生徒会活動

　児童会活動・生徒会活動は，「学校の全児童をもって組織する児童会における活動」である。児童会活動においては，「学校生活の充実と向上のために諸問題を話し合い，協力してその解決を図る活動を行うこと」とされている。生徒会活動は，「学校生活の充実や改善向上を図る活動，生徒の諸活動についての連絡調整に関する活動，学校行事への協力に関する活動，ボランティア活動などを行うこと」とされている。

　児童会活動・生徒会活動は，全校的な縦割活動である。上級生や下級生が一緒になって豊かな活動が展開される。児童会・生徒会の運営は，できるだけ子どもたちに任せられる。自らの学校生活を充実，向上させていくにはどのような課題があるのか，それを解決するためにどのように活動を充実，創造していけばよいのかなどを教師を交えて協議し，自主的，自発的な活動が展開される。活動の内容に応じて，さまざまな道徳学習と関連をもたせることができる。とくに執行部の人たちは，みんなと協力して運営していくノウハウを身につけなければならず，まためざす目標は，学校を少しでもよくし，みんなが仲よく生き生きとした学校生活が送れるようにすることである。そのような意識のもとに活動を行うこと自体が，道徳的価値の追求を行っていることになる。

3　クラブ活動

　また，クラブ活動は，小学校のみに明記されており，「学年や学級の所属を離れ，主として第四学年以上の同好の児童をもって組織するクラブにおける活動」である。そこでは，共通の興味や関心を追求する活動が行われる。クラブ

活動も縦割的活動であるが、四年生以上であることや、共通の興味や関心をもった子どもたちで運営していく活動であることにおいて、児童会活動との違いがある。

クラブ活動には、さまざまなものがあり、子どもの興味や関心は、いずれもに注がれると考えられる。そのなかから自らの所属するクラブを選び、活動を行うことによって、その子らしい個性が発揮されてくる。また、同じ興味や関心をもって追求していくことの楽しさも感得することができる。

クラブ活動で追求したことをクラブ間で紹介しあったり、学級のなかで紹介したりすることを通して、その子のよさが認められるとともに、子どもたちの興味を膨らませていくことができる。そういった体験は、道徳性の育成の根底となるものである。一人ひとりの道徳学習の発展のために、個々の体験をとらえて適宜道徳の時間の学習と関連を図れるようにしていくことが求められよう。

4　学校行事

学校行事は、「全校又は学年を単位として、学校生活に秩序と変化を与え、集団への所属感を深め、学校生活の充実と発展に資する体験的な活動を行うこと」とされている。これも縦割的な活動であり、とくに愛校心をはぐくむ道徳学習との関連が深い。具体的な行事としては、儀式的行事、学芸的行事、健康安全・体育的行事、遠足・集団宿泊的行事（中学校では旅行・集団宿泊的行事）、勤労生産・奉仕的行事があげられている。

儀式的行事は、「学校生活に有意義な変化や折り目を付け、厳粛で清新な気分を味わい、新しい生活の展開への動機付けとなるような活動」である。生活の節々で、自らを見つめ直す機会でもある。それらは、道徳の内容の1の視点の各内容項目や4の視点の愛校心や集団の役割の自覚、公共心、公徳心などと大いにかかわりをもつ。

学芸的行事は、「平素の学習活動の成果を総合的に生かし、その向上の意欲を一層高めるような活動」である。学芸的行事への参加を通して上級生への憧れや、下級生への思いやり、さらに互いに学び合うことの大切さなどを学ぶ。それらは、道徳の時間の学習と関連をもたせることができる。

健康安全・体育的行事は，「心身の健全な発達や健康の保持増進などについての関心（理解）を高め（深め），安全な行動や規律ある集団行動の体得，運動に親しむ態度の育成，責任感や連帯感の涵養，体力の向上などに資するような活動」（カッコ内は，中学校）である。集団行動の体得や責任感や連帯感の涵養など，とくに4の視点と1の視点の道徳学習とかかわりをもつ。

　また，遠足・集団宿泊的行事（旅行・集団宿泊的行事）は，「平素と異なる生活環境にあって，見聞を広め，自然や文化などに親しむとともに，集団生活の在り方や公衆道徳などについての望ましい体験を積むことができるような活動」である。学校外での集団活動を通して，いままで気づかなかった友達のよさや自らの可能性などを実感したり，いろんなものを見聞したり，自然や文化などに親しみながら，併せて道徳学習が行われる。集団生活のあり方や公衆道徳などについての望ましい体験を積むことができる。

　さらに，勤労生産・奉仕的行事は，「勤労の尊さや生産（創造すること）の喜びを体得するとともに（体得し職業や進路にかかわる啓発的な体験が得られるとともに），ボランティア活動など社会奉仕の精神を涵養する（養う）体験が得られるような活動」（カッコ内は中学校）である。それは，道徳的実践そのものでもある。勤労の尊さや生産・創造の喜びが体得でき，社会奉仕の精神が涵養されるようにしていく必要がある。そのためには，内面的な道徳的実践力の育成とうまく結びつけていくことが不可欠である。道徳の時間との関連を図ることがいっそう求められる。

　このような学校行事においては，とくに子どもたちの感動的な体験と道徳の時間の学習とを，子どもたちの心の動きの連続性を考慮しながら，関連した指導を工夫していく必要がある。それぞれの特徴を押さえながら道徳性の育成にかかわって望ましい両者の連携が，今後いっそう追求されなくてはならない。

３　特別活動と道徳の時間との関連

　特別活動と道徳の時間との関連といえば，道徳の時間と特別活動，特に学級活動とを一緒にして指導することだと誤解する人たちがいる。教育課程におい

ては，道徳の時間も学級活動も，それぞれに35時間確保され，独自の目標が設定されている。

では，特別活動と道徳の時間の関連とは何か。一言でいえば，それぞれの特質を生かしながら，子どもたちが，自らの道徳的価値に触れ，その大切さやすばらしさ，実現の難しさ，多様さなどを感じ，自分はどうすればよいのかを考えながら，状況に応じた適切な行動が取れるように指導することである。

とくに道徳と特別活動は，子どもたち一人ひとりのよりよい人間形成を図る道徳教育の中核となるものである。道徳の時間は，道徳的実践の礎えとなる道徳的実践力を，特別活動は，道徳的体験や実践そのものを学習する。そして，それらが響きあって，自律的に道徳的実践のできる子どもを育てようとするのが道徳教育なのである。

このような視点から，特別活動と道徳の時間の関連の課題を探ってみたい。

1　特別活動と道徳の時間の関連重視の背景

特別活動と道徳の時間の関連が，何のために必要かといえば，道徳教育を充実させるためである。

では，学校における道徳教育をどのようにとらえればよいのだろうか。

いうまでもなく，学校における道徳教育は，教育基本法の第一条，教育の目的に掲げられている，人格の基盤である道徳性を調和的にはぐくむものである。その道徳性は，道徳的諸価値が統合されて形成されるものであり，子どもたちの全生活圏におけるさまざまな体験や学習を通して培われる。

このことを踏まえて，学校における教育課程では，道徳教育は，全教育活動を通して行うことを基本とし，道徳の時間では，基本的な道徳的価値の全般にわたって自覚が図られ，調和的な道徳性がはぐくまれるように，計画的・発展的な指導が行われる。

しかし，多くの人々から，このような道徳教育および道徳の時間の指導が十分に機能していない，という指摘がなされている。とくに今日の子どもたちに見られる自分勝手な行動や問題行動の多発は，そのあらわれであると批判される。

道徳教育は，子どもたち一人ひとりが，かけがえのない人間として自らを自覚し，人間としてよりよく生きていくことをめざしている。それが道徳性の育成の基本である。このことは，これからの学校教育においても，最も重視されなければならないことである。

　1998（平成10）年7月に出された教育課程審議会答申でも，これからの教育課程が基本としなければならないねらいの第一に，「豊かな人間性，社会性の育成」があげられている。それは，学校は，人間教育の場であり，人間として生きるとはどういうことかをしっかり学び，身につけられるようにすることを中心に，教育課程が組まれなければならないことを示している。このことは，道徳教育を基盤とした学校教育の確立を求めていることにほかならない。

　そのために，いっそう必要とされるのが豊かな体験活動である。豊かな体験活動とは，心に響き心が動く体験活動である。

　心が動くのは，そこに道徳的価値を感じているからである。日常生活や，さまざまな学習活動において，心が動く豊かな体験活動が行われれば，それは同時に，道徳的価値に触れ，感じ，何らかの行動をしていることになる。そういう心の動きが，しっかり体験できることによって，道徳の時間で道徳的価値の自覚を深める学習を効果的に行うことができる。

　このような考え方から，とくに望ましい集団活動をねらいとする特別活動において，豊かな道徳的体験や実践が行われるようにしているのである。

　ここにおいて，特別活動と道徳の時間の関連の課題が明確になってくる。すなわち，道徳の時間における道徳的価値の自覚と，特別活動における道徳的体験や実践の充実とを関連をもたせて，子どもの日常生活のなかで統一されていくように指導するには，どうすればよいか，ということである。

　このことを考える上で，さらに考慮しなければならないのは，「総合的な学習の時間」との関連である。

2　道徳教育と「総合的な学習の時間」

　「総合的な学習の時間」は，2002（平成14）年度からの教育課程に，新たに位置づけられる。特別活動と道徳の時間の関連を図る上においても，大変重要な

役割を果たすものである。

　先の教育課程審議会答申では,「総合的な学習の時間」は,各学校の創意工夫を基本とするとしながらも,設置のねらいや具体的な学習活動等について,基本的なことがらが提案されている。

　ねらいとしては,「生きる力」を「ゆとり」をもって身につけていけるようにすることである。そして,とくに教科等の枠を超えた横断的・総合的な学習や児童生徒の興味・関心に基づく学習,地域や学校の特色に応じた学習などが,体験的方法や問題解決的方法を重視して取り組まれる。

　「生きる力」とは,さまざまな状況に主体的に対処しながら,自らの可能性を信じ,人間としてよりよく生きていくことができる力,ということができる。その育成のためには,子どもたち自らが生活をみつめ,体験し,そこからさまざまな課題を見つけ,主体的に追求していくことができる学習の場を確保することが必要になる。

　その課題は,当然,各教科等にしばられないものになるが,答申では,学校教育全体における横断的・総合的な課題の第一に道徳教育をあげている。

　したがって,「総合的な学習の時間」の根底に道徳教育がしっかり押さえられなければならないのである。それは,各教科や特別活動における道徳教育の押さえよりも,より強調される必要がある。すなわち,「総合的な学習の時間」においては,道徳的価値の学習を直接ねらいとした体験的・問題（課題）追求的な学習を行うことができるのである。

　もっといえば,そのような道徳学習をしっかり位置づけておくことによって,「総合的な学習の時間」全体が「生きる力」をじっくりと身につけていける時間になるといえよう。

　では,「総合的な学習の時間」における道徳学習と,道徳の時間での道徳学習や特別活動での道徳学習と,どのような違いがあるのだろうか。

　「総合的な学習の時間」は,ねらいにかなっていれば,いわば何でもありの時間である。すなわち,道徳学習に限っていえば,道徳の時間のように,資料をもとにして道徳的価値の自覚を図る授業や,特別活動のように,道徳的体験を行う授業も取り込んだ総合的な道徳学習を連続的に行うことができる。

また，子どもたち自らが生活を見つめながら，道徳的価値にかかわる具体的事象を調べることや，相互の人間関係を深めるゲームやスキル学習，イメージトレーニングや，心をリラックスさせる方法なども，一定の計画のもとに自由に取り組めることになる。

すると，従来の特別活動や道徳の時間と「総合的な学習の時間」との違いがあやふやになってしまう。もし，それらが不用意に一体化されてしまったとしたら，狭い道徳学習になるか，偏った道徳学習になってしまう。

基本的指針としては，道徳の時間と特別活動と「総合的な学習の時間」が，互いに響きあえるようにしていかなければならない。

そのためには，どうすればよいのか。次に考えてみたい。

3 特別活動と道徳の時間と「総合的な学習の時間」との関連

「総合的な学習の時間」が設置されれば，全ての学習をそこに統合してしまうのではなく，「総合的な学習の時間」と関連をもたせて，各教科や特別活動と道徳の時間固有の学習が一層効果的になされるように工夫していかねばならない。

子どもからの興味・関心をもとに，体験を主とした学習や問題（課題）追求を主とした学習を行うと，当然のことながら，学習に偏りがおこってくる。義務教育段階においては，子どもたち一人ひとりがもつ多面的な能力を引き出し，調和のとれた人間形成が図られるようにしていく必要がある。子どもたちの興味・関心を大切にしながら，また自由な学習活動を大切にしながら，そのことを達成していくためには，あわせて各教科等におけるあらかじめ決められた学習課題に添った計画的な指導が不可欠なのである。

それらをどのように統一していくかが，これからの教育課程の大きな課題である。それは，当然，道徳の時間と「総合的な学習の時間」との間においても，特別活動と「総合的な学習の時間」との間においてもいえることである。

すなわち，「総合的な学習の時間」が設置されれば，道徳の時間は，基本的な道徳的価値の全般にわたって，じっくりとていねいな指導を行うことが求められる。一方，特別活動では，学級における望ましい集団活動を多様に組みな

がら，子どもたち一人ひとりにとって学級生活が楽しくなるよう，豊かな体験活動を充実させ，また，学級生活上必要な社会的ルールや約束ごとがしっかり守られて自分たちで学級内でおこる問題や課題を解決していけるような指導が求められる。

　基本的な道徳的価値の一つ一つについて，人間として生きるとはどういうことかという視点から，その大切さ，すばらしさ，実現の難しさ，多様さなどについて，じっくりと感じ，考え，自分は，人間としてどう生きればよいのかを内省しつつ，よりよい生き方を意欲づけられる授業が，道徳の時間で展開されることによって，学級での具体的な生活を見直すことがより深く主体的に行われることになる。それらは，学級活動や「総合的な学習の時間」の学習課題となっていくのである。

　また，学級活動において，学級生活を自分たちで楽しくしようといろいろと取組を行うなかで，さまざまな道徳的価値の問題や，国際理解，情報化，環境問題，福祉・健康などの課題がでてくるはずである。それらを道徳の時間や，「総合的な学習の時間」につなげていくのである。

　そのような基本的な押さえをすることによって，道徳の時間も学級活動も，さらに多様な学習を組むことができる。

　それぞれの特徴を生かしつつ関連を図り，学校の実態や子どもたちの実態に応じて真の道徳性の育成を実現するカリキュラムを創造していくかが大きな課題である。

参考文献
(1) 宮川八岐『特別活動』ぎょうせい，1999年。
(2) 文部省『小学校学習指導要領解説　特別活動編』東洋館出版社，1999年。
(3) 文部省『中学校学習指導要領解説　特別活動編』東山書房，1999年。
(4) 押谷由夫『新しい道徳教育の理念と方法』東洋館出版社，1999年。

推薦図書
(1) 押谷由夫・宮川八岐編『道徳・特別活動　重要用語300の基礎知識』明治図書出版，2000年。
(2) 片岡徳雄編『個性を開く教育』黎明書房，1996年。

(3) 新富康央『えっ，これが学校』佐賀新聞社，1999年。
(4) 押谷由夫・七條正典編著『心の教育』教育開発研究所，2000年。

（押谷由夫）

第11章　特別活動と総合的学習

　新学習指導要領（平成10年12月版）が告示され，特別活動の改善事項について研究する立場からも，新設された総合的な学習の時間の学習活動を研究する立場からも，特別活動と総合的学習の関連についてどう考え実践したらよいのか，また，積極的に関連づけることは望ましくないのかなどの疑問があり，各学校の研究実践の一部に混乱も見られるようである。そうした実情を踏まえ，本章では「両者の教育課程上の特質」，「両者の関連の意義」，「両者の関連をどう図ったらよいか」などを明らかにしたい。

1　特別活動，総合的学習の両者の教育課程上の特質の理解

　各学校の教育課程は，各教科，道徳，特別活動および総合的な学習の時間によって編成される。しかし，教育課程の基準としての学習指導要領は，各教科，道徳，特別活動で構成され，総合的な学習の時間は総則の取扱い事項として示されているのであり，特別活動の次に示される領域ではないということが特質を理解する上で大切なことである。

1　特別活動の目標・特質
　特別活動の目標は，小学校学習指導要領において，次のように示されている。

> 　望ましい集団活動を通して，心身の調和のとれた発達と個性の伸長を図るとともに，集団の一員としての自覚を深め，協力してよりよい生活を築こうとする自主的，実践的な態度を育てる。

　この目標の冒頭に示すとおり，特別活動は児童生徒の集団活動が指導原理である。したがって，学級活動，児童会（生徒会）活動，クラブ活動（小学校），

学校行事のそれぞれにおいて，つねに望ましい集団活動を通すことが条件になるということである。

しかも，『小学校学習指導要領解説・特別活動編』に「特別活動の教育的意義」として次の5点があげられているが，これは総合的学習との関係を考える上で重要な観点である。

　ア　集団の一員として，なすことによって学ぶ活動を通して，自主的，実践的な態度を身に付ける活動である。
　イ　教師と児童及び児童相互の人間的な触れ合いを基盤とする活動である。
　ウ　児童の個性や能力の伸長，協力の精神などの育成を図る活動である。
　エ　各教科，道徳，総合的な学習の時間などの学習に対して，興味や関心を高める活動である。また，逆に，各教科等で培われた能力などが総合・発展される活動でもある。
　オ　知，徳，体の調和のとれた豊かな人間性や社会性の育成を図る活動である。

とくに，エの事項については，本稿全体を通じる基本的な考え方であるとともに，特別活動，とくに学校行事と総合的学習の関係づけの可能性を考えるベースになる。

2　総合的な学習の時間のねらい・特質

総合的な学習の時間については，学習指導要領「総則」の『第3　総合的な学習の時間の取扱い』において，その目的，ねらい，課題を次のように示している。

> 1　総合的な学習の時間においては，各学校は，地域や学校，児童の実態等に応じて，横断的，総合的な学習や児童の興味・関心等に基づく学習など創意工夫を生かした教育活動を行うものとする。《目的》
> 2　総合的な学習の時間においては，次のようなねらいをもって指導を行うものとする。《ねらい》
> 　(1)　自ら課題を見付け，自ら学び，自ら考え，主体的に判断し，よりよく問題を解決する資質や能力を育てる。
> 　(2)　学び方やものの考え方を身に付け，問題の解決や探究活動に主体的，創造的

に取り組む態度を育て，自己の生き方を考えることができるようにすること。
3　各学校においては，2に示すねらいを踏まえ，例えば，国際理解，情報，環境，福祉・健康などの横断的・総合的な課題，児童の興味・関心に基づく課題，地域や学校の特色に応じた課題などについて，学校の実態に応じた学習活動を行うものとする。《課題例》
（略）　　　　　　　　　　　　　　　　　　　　　※《　》は筆者による。

　上記1から3のそれぞれの項目の末尾に示した《　》は，筆者が添えたのであるが，各学校において総合的学習を構想する場合，これらがその基本的な拠り所となるため，十分な分析研究が必要になる。

3　両者の類似性が指摘される理由

　総合的な学習の時間は，基本的には各学校が創意工夫した教育活動を行うことと規定されているが，特別活動のように取り扱うべき内容は定められていない。特別活動が4内容（中学校は3内容）を示していても，取り上げ方は学校の実態に応じて創意工夫できることになっている点では類似している。しかも，総合的学習として取り組む課題例をみても，これまで特別活動，とくに学校行事が担ってきたことと重なるという点など，性格的な面でも類似性が指摘されるのである。たとえば，昭和33年度の学校行事には安全指導的行事は含まれていなかったが，昭和43年度改定で入り，昭和52年度には旅行的行事，勤労・生産的行事が入り，それまでの安全的行事が保健・安全的行事となった。また，平成元年度には，集団宿泊的行事や奉仕的行事が加わるというように，まさに時代的な要請を受け止めてきたのである。そうした課題は総合的でもあり，横断的でもある。それが体験的，実践的な集団活動として取り組まれてきたのである。そうしたそれぞれの時代の現代課題を受け止めてきた学校行事は，集団活動を前提とする体験的活動であり，総合的学習は，基本的には個々人が自らの課題を追求し解決を図る体験学習なのである。

　さらには，学芸的行事が「平素の学習活動の成果を総合的に生かし，その向上の意欲を一層高めるような活動を行うこと。」との趣旨から総合的学習そのものではないかといったことも指摘されることがある。また，両者はいずれも

教科書がなく，各学校がカリキュラムづくりに取り組まなければならない。

② 「関係づけ」の意義・教育効果

　各学校においては，児童生徒の人間として調和のとれた育成をめざして適切な教育課程を編成しなければならない。調和のとれた人間の育成のためには，各教科，道徳，特別活動の内容を学習指導要領に従い，それらの学習を充実することが前提である。その上で総合的な学習の時間において一層学習を確かなものにし，生きる力をはぐくむことをめざすというのが，学習指導要領に示された教育課程編成の一般方針の精神である。

　こうした基本認識に立つならば，当然，特別活動と総合的学習との関連は考えられることになるが，安易な関係づけが行われると本来のねらいが曖昧になる危険性がある。関係づけ自体は課題によっては積極的に行ってよいのであるが，あえて「安易な」としたのは，以下の2つの考え方を正しく踏まえなければ，総合的な学習の時間創設が無意味なものになりかねないからである。

1　特別活動で培った資質・能力が，総合的学習を
　　粘り強いものにするとともに学習活動を豊かにする

　学習指導要領が示す領域は，各教科，道徳および特別活動である。それぞれが独自のねらいと内容を有している。そこで育成される資質・能力を生かして総合的な学習の時間において横断的・総合的な課題に対決するというのが基本的な構造である。

　総合的な学習の時間は，教育課程審議会の答申において，
① 各学校が創意工夫した特色ある教育活動を一層展開できるようにするための時間を確保する必要があること。
② 自ら学び自ら考える力などの［生きる力］をはぐくむため，既存の教科等の枠を超えた横断的・総合的な学習を実施できるような時間を確保する必要もあること。
との観点が示され，その創設が提言された。

①の「特色ある教育活動」について考えてみよう。これまで特別活動が、まさに特色ある教育活動の代表選手であった。とくに学校行事が「学校の顔」であるといわれてきたのも、教科学習を総合的、発展的に展開するという性格を一面に有していたからである。しかし、「特色ある教育活動を一層展開できるようにするための時間を確保する必要がある」として、総合的な学習の時間を創設したのである。今回の改訂は特色ある教育活動としての集団的、体験的な特別活動の取り組みを生かし、総合的な学習の時間において児童生徒一人ひとりが自らの生きる力として一層確実に定着化させようという意図によるものである、と考える必要があるであろう。

②に関して見れば、これまで国際理解教育を各学校で実践する場合、教科指導のなかの関連する指導内容において、さらにその指導と学校行事や児童会活動との関連を図って、よりまとまった取り組みをして、その指導の充実を図ってきているという経緯がある。今回の改訂は、そうした取り組みの時間を保障するということにもなろう。また、今日の時代的背景を考えると特別活動による体験活動では対応できない課題が生じ、児童生徒一人ひとりの課題意識やそれぞれの能力の下で、じっくりとゆとりをもって問題解決や実践に取り組むことができるようにするためには、総合的学習の実践の時間が必要となったと考えることができるのである。

こうした考え方に立った上で、児童生徒一人ひとりの主体的、創造的な課題解決能力の育成をめざす総合的な学習の時間における学習活動が、より意欲的、実践的に行われるようにすることをめざして、次の点を考慮しなければならない。①特別活動で培われた自主的、実践的な態度を生かすこと、②価値ある体験を関係づけて総合的学習の課題設定や探究活動を動機づける特別活動との関連のあり方を研究すること、などである。

2 特別活動と総合的学習は双方向的に「関連づけ」が
　　図られることによって、両者の活動が豊かになる

特別活動と総合的学習の関連を考える観点として、たとえば次のことが考えられる。

第一の関連としては、総合的学習で取り上げる課題と特別活動で実践される指導内容との相互関連である。特別活動では、望ましい集団活動を通して豊かな人間性や社会性などの生きる力を自主的、実践的に身につけていくのである。総合的な学習の時間においても、自然体験やボランティア活動、環境問題などに取り組むことがあろう。そうした総合的学習を展開することを通して豊かな人間性や社会性を確かなものとしていくことが期待される。こうした課題には特別活動、たとえば、学校行事の集団的な体験活動として展開される内容と、総合的学習の課題、児童生徒一人ひとりの課題づくりや研究テーマ設定、調査研究活動などのレベルにおいて関連を図ることが可能であろう。

　また、各学校においては、総合的学習の取り組み方は課題によって展開パターンが幾つか作られるであろう。個々の児童生徒がそれぞれに主体的に課題を掴むことができるようにするには、体験の積み重ねがポイントになろう。特別活動での体験活動、総合での体験、それぞれの体験の重要性とそれぞれの体験を連続させたり重ねたりする工夫が生きる力育成の大きな鍵になる。

　第二としては、資質・能力の面においての関連づけである。総合的学習において、自らが課題設定し自ら探究活動に取り組むようにするには、特別活動の自発的、自治的な活動などを通して身につけた問題発見や自主的な解決能力を生かすということである。低学年から学級活動で身につけた自主的な活動の進め方が中学年以降の総合的学習に応用され、発揮されるようにすることは意義あることである。目標を立て取り組みの方法を話し合い、自ら課題解決や目標実現に取り組む実践的な態度や資質・能力を総合的学習において生かすという点での関係づけであり、しかも双方向で考えられる。

　第三には、特別活動の組織を総合的学習に生かしたり、総合的学習への体験活動の位置づけの工夫においての関係づけの可能性ということである。総合的学習が学級単位で展開される場合には、学級の組織が活用されたり、学年や全校単位で活動する場合には、児童会（生徒会）活動の組織が活用されるなどの可能性がある。学習指導要領「総則」では、グループ学習や異年齢集団による学習など多様な学習形態について工夫することを求めている。したがって、学級活動や児童会（生徒会）活動における児童生徒の平素の自主的な活動が充実

してこそ，そうした可能性への期待が実現するというものである。とくに，学校行事の体験的な活動が総合的学習への動機づけになるなどの機能について十分検討し，生かすようにすることが重要である。

　第四には，特別活動の指導においても総合的学習の指導においても，全教師が一体となって指導に当たるなどの工夫が重要である。学校が小規模になってきている現状を考えても，教科書がなく学校としての一体的な取り組みが不可欠である両者の分野においては，指導体制の関連が課題となろう。教科等研究部の指導組織，学年の指導組織などの関連，さらには，地域の人材や関係機関等との連携を図る上でも相互関連を工夫する必要が出てこよう。

　第五に，具体的には次節の1～3の関連づけの工夫例のなかで，行事から総合へ，総合から行事へという事例のいわば〈重なり〉の部分については，授業時数の配当などにおいて運用の工夫レベルでの関連の可能性も十分に考えられることであろう。つまり，重なりの時数を総合的学習の方にカウントすれば行事の精選になり，行事の時数でカウントすれば総合的学習の精選になるということである。このことについては，指導計画作成に当たって指導のねらい等を十分に検討して学校全体としての考え方を明確にしていくことが重要である。この場合，行事の精選を考えるにしても，あくまでも五種類の学校行事は各学校の教育課程に適切に位置づけられていなければならない。

③　「関連づけ」の考え方・進め方

　特別活動と総合的学習の関連づけをどう考え，どう工夫するか，その具体的な方法として，これまで述べてきた学校行事との効果的な関連について，次のようないくつかのタイプが考えられよう。

1　「行事から総合へ」のタイプ

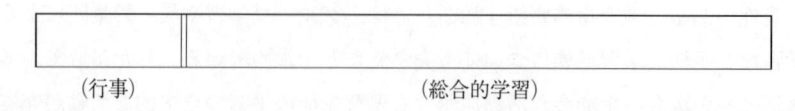

（行事）	（総合的学習）

具体的な関係づけの第一は，行事から総合へということである。学校行事は学校行事として，季節的な配慮や行事を集中させないようにするなどの観点から年間の実施計画が立てられる。新たに創設される総合的な学習の時間も学校として設定した横断的，総合的な課題についての指導計画が立てられよう。しかし，両者の指導の内容や課題が類似するという点で関連が図られる場合には，学校行事の体験を生かし，児童生徒の動機づけを図って総合的学習に繋げていくという関連タイプが考えられる。たとえば，次のような展開が考えられよう。

- 課題──「地域福祉」に関する課題
- 行事──「車椅子体験活動」
- 総合──「福祉・ボランティア活動の大切さを知り，地域の実態に応じ自分にできる活動に取り組んでみよう」

本課題は，学校段階や地域等の実態によって，課題設定の仕方や取り組み方が異なるであろうが，たとえば，次のような取り組みがある。

① 学校行事で車椅子体験をする。福祉施設関係者の指導を受けつつ，車椅子体験をする。子どもたちはそれぞれに予想と実際体験の違いに気づき，さまざまな疑問をもち，指導者への質問などもする。
② この体験から福祉・ボランティア活動の意義について考え，全国の学校の取り組みや子どもたちの活動状況をインターネットで調べる。
③ ②で調べたことを参考に，自分たちができることは何かを地域の実態を下に話し合いながら実践目標を考える。
④ 同じような活動を考えている仲間が一緒になって活動するグループをつくり，実践計画を立てる。
⑤ 実践計画を実現するため，学校や地域の公共図書館，福祉施設等で調べる。教師や施設等の人たちに尋ねるなど情報収集を行う。
⑥ 実際にボランティア体験をする。

これは，総合的な学習の時間の研究指定校の取り組みであるが，①から⑥の学習ステップで総合的学習を進めている例である。まさしく「学校行事から総合へ」という形である。①で，福祉，ボランティア活動への関心や問題意識を高め，②では，意義や重要性の理解と実践例調査を行う。③では，地域の実態

などを調べ各自が実践したい課題を設定する。④探究活動のための課題別グループをつくる。⑤事前調査を実施する。⑥実践活動を行う。その後，体験学習をまとめるという活動を入れて十数時間を配当することになろう。こうした多様な実践的な活動を組み込んだ学習は総合的な学習の時間でなければ実践できないだろう。

　しかし，この場合の車椅子体験を学校行事として位置づけず，①から⑥を一括総合的学習の学習計画にしてもよいのであるが，次に示すような実践も考えられるはずである。

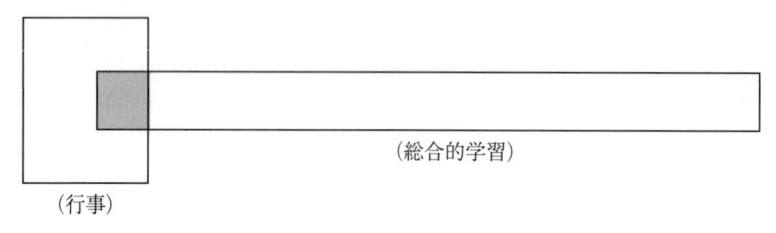

(総合的学習)
(行事)

　これはある研究会で話題になった考え方であるが，つまり，学校行事の実践のなかに，総合的学習の一部が組み入れられているというタイプである。上記の例で考えれば，車椅子体験を学校行事とするが，総合的学習で各自が取り組むボランティア活動への課題設定づくりの活動を一部組み入れるという形である。自然教室の体験活動の一部に自分たちの地域学習のための環境学習を組み入れるということなど，課題レベルでの関連の方法はいろいろ考えられるということである。

2　「総合から行事へ」のタイプ

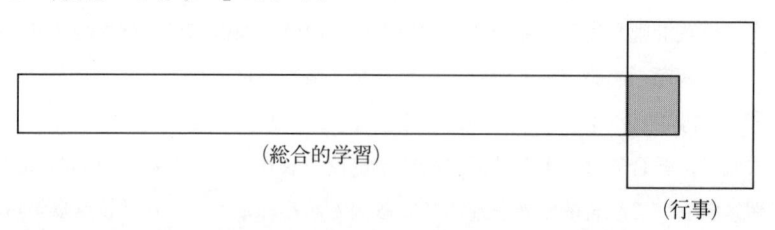

(総合的学習)
(行事)

　関係づけの第二のタイプは，総合から行事へということである。総合的学習を進めていき，最後はまとめと発表という段階を学校行事に一体化するという

タイプであり，次のような展開が考えられよう。
- 課題──「環境問題」に関する課題
- 総合──地域を知り，環境問題を考えよう
- 行事──「自然体験教室」あるいは「学習発表会」

本課題は，さまざまな追究パターンが考えられる。
① 教科学習で地域・環境問題の実態を捉える。
② 教科学習から発展して地域環境問題を調べる。
③ 都市交流をしている相手方の地で自然体験教室を実施して，環境について比較しながら体験的に学習しつつ学習全体をまとめる。(あるいは学習発表会を行って互いの学習や取り組みに学び合う)

これは，②と③が総合的学習であり，③で学校行事と一体化されるというタイプである。しかし，③も環境問題を調べる学習にとどまらずに環境問題に直接取り組むことも，その後の学習発表会に一体化するという方法も考えられよう。総合的な学習への取り組みが始まったばかりの現在は，まだ試行錯誤の状況である。また，各学校のそれぞれの創意ある取り組みが尊重される学習活動でもあるので多様且つ積極的な取り組みが期待される。

本事例の場合，①では，地域学習についての教科指導により学習し，自分たちの環境問題などへの関心を高める。②では，地域の特色調べや環境問題について調査する。③では，学校行事としての自然教室の実施のなかで①②と関係づけて比較調査したことや実践した体験をまとめる（新たな課題づくりも）。その際，体験を①からの流れを記録にまとめ，体験発表会を行うのである。

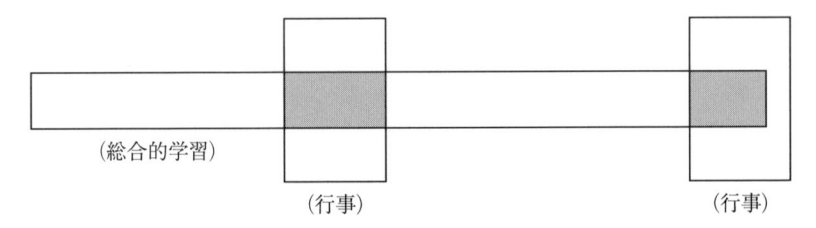

(総合的学習)　　(行事)　　(行事)

本事例は，学校行事である自然教室を総合的学習のまとめの段階に位置づける形態をとっている。しかし，環境学習や実践活動を総合的学習として展開していて，途中に自然教室を行う。そのなかで一部総合的学習の課題追求も組み

入れ，さらに学習を進展させて最後の段階，つまり学習のまとめとしての成果発表を学校行事の学習発表会のなかで行うという形態も考えられるのである。自然教室が遠足あるいは修学旅行になるかもしれないし課題はさまざまに考えられるのではないか。

3 「総合学習の課題に学級活動，学校行事を融合する」タイプ

```
(3) 健康安全・体育的行事
健康診断や給食に関する意識
を高めるなどの健康に関する
行事，避難訓練や交通安全に
関する行事，運動会や球技大
会等の体育的行事など
```

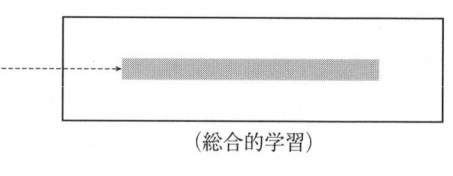

（総合的学習）

おそらく各学校においては，総合的な学習活動としていくつかの課題に取り組むことになるであろう。たとえば食・健康づくりの課題に取り組む学校も出てくるであろう。学校行事でも，上記の例示のような健康に関する行事が実施されうることを考えれば，当然，総合的学習と関連づけられてよいはずである。そうすると，たとえば次のような取り組みも考えられるであろう。

- 課題──「健康づくり」に関する課題
- 行事──「給食展」
- 総合──自分の健康について理解し，自ら健康・体力づくりに取り組む

年度はじめから各種健康調査が行われる。しかも多くの学校で健康診断が健康安全・体育的行事に位置づいているであろう。しかし，健康診断で集団活動をしているかといえば，はなはだ疑問である。そうであるなら今の児童生徒の健康・体力問題が深刻な状況であるという実態を踏まえて，むしろ総合的学習の課題の一つとして取り上げ，児童生徒が自ら健康問題に関心をもち，主体的に健康づくりに取り組むよう総合的学習に位置づけてはどうだろうかという考え方が，ある研究会で提起された。

①年度はじめに健康・体力づくりに対するオリエンテーションを行う。②健

康診断および各種検査を行い自分の身体面の特徴を理解する。③養護教諭，学校栄養職員の講話。あるいは警察署の方から薬物乱用問題の実演や講演。④運動能力テストによって自らの能力の実態を知る。⑤各自が運動・体力づくりの実践目標を設定しその向上のために取り組む。⑥体育大会を行う，といった流れで総合的な学習活動と学校行事を関連づけた取り組みを展開する。

　たとえば，①で「健康・体力づくりノート」を作成，取り組みに対する動機づけを行い，②でこれまでと同じように健康診断等の諸検診を実施する。その都度，児童生徒はノートに自らも記録し自らの特徴，成長などを理解する。③では，養護教諭，学校栄養職員，保健所関係者等々の講話を聞き，自分の生活などを振り返るとともに，自らの健康・体力づくりの課題を考えるようにする。④では，体育学習のなかで行われる運動能力テストの結果と①から③とを関係づけて今後の実践課題を決める。⑤では，たとえば，一カ月間を「体力づくり月間」として，各自にあるいは友達とグループを作り励まし合って取り組めるようにするなど工夫する。⑥では，体育大会あるいは記録会といった行事を実施する。さらに給食展と関係づけることも考えられる。

　こうした取り組みは，行事の前に指導する学級活動(2)の内容や健康診断などの学校行事を総合に移行し融合すれば，学級活動や行事を精選することになるのであり，総合で関連・統合・大きなまとまりの取り組みができることから，児童生徒の健康・体力づくりへの課題意識も主体的，継続的なものになる。しかし，あくまで学校行事がそのまま総合的学習にスライド移動させるものであってはならないし，五種類の学校行事はいずれの学校でも実施されるよう教育課程に位置づいていなければならないことはいうまでもない。

　中学校などでは，とくに学級活動の進路学習や学校行事で職場体験などを実施している学校が多い。だが，それを望ましい集団活動として展開しにくいとすれば，職業や進路に関わる啓発的体験などを総合的学習として大単元を構成すれば，むしろ充実した実践ができる。しかも，この課題は「自己の生き方を考えることができるようにする」という総合的学習のねらいに合致するものである。そうすることによって，中学校においては，かならずしも十分に取り組まれていないといわれる学級活動での自発的，自治的な集団活動を一層活発に

することもできるのである。

　特別活動と総合的学習の教育課程上の役割の違いや独自性などの十分な理解が必要である。これまで述べてきた両者の関係づけでさらに留意すべき点を以下に補足しておきたい。

- 特別活動の各内容の指導計画と指導が充実してこそ，その実践的態度や意欲，技能などが総合的学習に生かされるといった基本的な考えが，学校の教職員全体にゆきわたっていることが大切である。したがって，たとえば学級活動の時間が総合的な学習の下請け的な時間になってはいけない。
- 総合的な学習の時間の学習活動は，児童生徒一人ひとりが自ら設定する課題の解決や実践に取り組むことが基本となる。調査活動や探究活動を進めるに当たっては，児童生徒の要望や児童会や生徒会の組織を生かすなど集団活動を生かすといった教師の柔軟な指導姿勢が必要である。
- 総合的学習では，児童生徒の学習意欲を生かし，いくつかの課題を幾つかの行事と繋げて継続することも考えられる。これまで行事としてきた内容も，行事によっては総合的学習の課題のなかに融合することもできよう。両者の精選のあり方も含めて弾力的な運用について十分研究し効果的な実践となるよう工夫したい。
- 特別活動も総合的学習も学習活動のフィールドが学校の外にひろがっていくであろう。総合的学習においては，課題も活動も多様になり，個別あるいは小グループ化する機会も多くなるであろう。特別活動に比して一層の安全面への配慮が必要である。
- これまで総合的学習についての実践がなかっただけに，慎重な且つ積極的な研究実践が必要である。しかし，たとえば重なりの工夫といったことをあまり積極的に行うことは両者の特質を見失う恐れがあることをつねに念頭におき，指導計画の作成に当たって重点化したり関連事項を明確化する工夫が不可欠である。

第11章　特別活動と総合的学習

推薦図書
(1) 『新学校行事読本』（教職研修総合特集）教育開発研究所，2000年12月。
(2) 「総合的な学習」実践研究会編『総合的な学習の実践事例と解説（加除式・全一巻）』第一法規出版，1999年。
(3) 『「総合的な学習」のカリキュラムをつくる』（『教職研修増刊号』），教育開発研究所，2000年3月。
(4) 高階玲治編『実践　総合的な学習の時間　小学校編』（教育課程実践シリーズ1）図書文化，1999年。
(5) 北俊夫『総合的な学習とこれからの学校・授業づくり』光文書院，1999年。

(宮川八岐)

第12章　特別活動と進路指導（生徒指導）

　生き方の指導としての進路指導（生徒指導）は教育活動の全領域で行われるものであるが，その基盤は特別活動にある。

　本章ではまず，進路指導と生徒指導の意義と両者の共通点について紹介する。続いて，進路指導の歴史的変遷を辿り，それが戦後以降に，教育課程化されたプロセスを明らかにする。また，特別活動における進路指導の位置づけと役割についても触れる。最後は，特別活動における「ガイダンスの機能の充実」を強調する今回の学習指導要領のなかで，その内容がいかに明記されているのか，進路指導と生徒指導との絡みで述べる。

1　進路指導・生徒指導の基盤としての特別活動

1　「生き方指導」としての進路指導・生徒指導

　学校における進路指導（生徒指導）は，教育活動の全領域で行われるものであるが，その基盤は特別活動における学級活動およびホームルーム活動にある。

　進路指導は，職業に関する知識・理解，進学指導，就職斡旋の段階から大きく発展し，一人ひとりの進路発達，進路成熟を支援する「生き方指導」としての進路指導となり，キャリア教育，キャリア・ガイダンス，キャリア・カウンセリングの視点から，ますます重視されてきている。

　生徒指導も児童・生徒の問題行動の指導や治療から，広く一人ひとりの「生き方指導」の重要な機能として，特別活動の領域においても，望ましい集団活動，自発的・自治的活動，自主的・実践的態度の育成に重要な役割を果たしている。

　進路指導と生徒指導はともにガイダンスとしての共通の基盤をもち，「生き方の指導」の中心的位置を占める。

生徒指導は，「今」から出発し，今，児童や生徒が何を考え，何を為そうとしているのかについて，具体的な日常生活のなかで，現実的な行動や態度の理解から出発し，さらには，一人ひとりの内面的なものの見方，考え方や感じ方に至るまで関わりを深め，将来に向けての自己実現の一歩一歩の過程を支援しようとするものである。

　進路指導は，「将来」に視点を置き，洋々たる前途や将来に夢や希望を大きく描かせ，その夢の実現に向けて，「その為には今何を為すべきか」を考え，進路を吟味し，修正し，主体的に選択し，よりよく生きていこうとする過程の支援である。将来の「職業」という社会的役割を通し，一人ひとりの職業的，社会的自己実現に向けて，現在および将来をどのように生きるかについての人生設計を立てさせ，発達段階に応じて進路発達を支え，裏づけのある進路選択が主体的にできるような，能力や態度を育てる支援の過程であるといえる。

2　生徒指導・進路指導の意義

(1)　生徒指導の意義

　『生徒指導の手引』（改訂版）文部省（1981年）は，冒頭で，「生徒指導は，学校がその教育目標を達成するための重要な機能の一つである」と述べ，さらに，生徒指導の目的は，「すべての生徒のそれぞれの人格のより良き発達を目指すとともに，学校生活が，生徒の一人一人にとっても，また学級や学年，更に学校全体といった様々な集団にとっても，有意義にかつ興味深く，充実したものになるようにすることを目指すところにある」として，単なる問題行動の治療とか青少年非行等への対策といった消極的な面だけでなく，積極的な豊かな人間形成にかかわるものであることを強調している。

　また，同書は，「生徒指導は，人間の尊厳という考え方に基づき，一人一人の生徒を常に自分自身として扱うことを基本とする。これは，内在的な価値をもった個々の生徒の自己実現を助ける過程であり，人間性の最上の発達を目的とするものである」として，一人ひとりの自己実現の過程を支援することであるとしている。

(2)　進路指導の意義

表12-1 進路指導の代表的な定義

		定　義
文部省	1955年(1) (昭和30年8月)	学校における職業指導は，個人資料，職業・学校情報，啓発的経験および相談を通じて，生徒がみずから将来の進路の選択，計画をし，就職または進学して，さらにその後の生活によりよく適応し，進歩する能力を伸長するように，教師が教育の一環として，組織的，継続的に援助する過程である。
	1961年(2) (昭和36年7月)	進路指導とは，生徒の個人資料，進路情報，啓発的経験および相談を通じて，生徒がみずから，将来の進路の選択，計画をし，就職または進学して，さらにその後の生活によりよく適応し，進歩する能力を伸長するように，教師が組織的，継続的に指導・援助する過程をいう。
	1983年(3) (昭和58年5月)	進路指導は，生徒の一人一人が，自分の将来の生き方への関心を深め，自分の能力・適性等の発見と開発に努め，進路の世界への知見を広くかつ深いものとし，やがて自分の将来の展望を持ち，進路の選択・計画をし，卒業後の生活によりよく適応し，社会的・職業的自己実現を達成していくことに必要な生徒の自己指導能力の伸長を目指す，教師の計画的，組織的，継続的な指導・援助の過程といいかえることもできる。
パーソンズ (Parsons, F.)	1909年	賢明な職業選択には，3つの一般的な要素がある。それは，a．自分自身と自分の適性，能力，興味，志望，資源，限界とそれらの根拠についての明確な理解，b．成功，有利，不利，報酬，機会についての必要資格，条件の知識と各種の仕事のなかでの予測，c．以上の2つの事実の関係についての合理的推論である。
全米職業指導協会 (NVGA)	1924年	職業指導とは，職業を選び，それに向かう準備をし，それに入り，その中で進歩することに関して情報と経験と助言とを与えることである。
	1937年	職業指導とは，一つの職業を選び，それに向かう準備をし，その生活に入り，かつその生活において進歩するよう個人を援助する過程である。それは，主として将来の計画を立て，生涯の経歴を打ち立てる上の決定と選択——満足すべき職業的適応性をもたらすのに必要な決意と選択——を行う個人を援助することである。
スーパー (Super. D. E.)	1957年	職業指導とは，個人が自分自身と職業の世界における自分の役割について，統合されたかつ妥当な映像を発展させ，また受容すること，この概念を現実に照らして吟味すること，および自分自身にとっても満足であり，また社会にとっても利益であるように，自己概念を現実に転ずることを援助する過程である。
マーランド (Marland. S. P.)	1971年	キャリア教育は，初等，前期中等教育段階では，生徒に職業的世界を感覚的に知らせ，後期中等教育，大学段階では，多くのなかから注意深く選ばれたキャリアに入り進歩するよう準備する組織的方法である。成人にとっては，制度的教育に再入学して，確立しつつあるキャリアの分野でさらに技術の向上を図ったり，または新しい分野に入ることを可能にさせる方法である。
日本進路指導学会	1987年	学校における進路指導は，在学青少年がみずから，学校教育の各段階における自己と進路に関する探索的・体験的諸活動を通じて自己の生き方と職業の世界への知見を広め，進路に関する発達課題に主体的に取り組む能力，態度を養い，それによって，自己の人生設計のもとに，進路を選択・実現し，さらに卒業後のキャリアにおいて，自己実現を図ることができるよう，教師が，学校の教育活動全体を通して，体系的，計画的，継続的に指導援助する過程である。

(出所)　内藤勇次編著『生き方の教育としての学校進路指導』北大路書房，1991年，62ページ。

第12章　特別活動と進路指導（生徒指導）

進路指導は、

- 生徒の一人ひとりが、
  - 自分の将来への生き方への関心を深め
  - 自分の能力・適性等の発見と開発に努め
  - 進路の世界への知見を広めかつ深め
- やがて
  - 自分の将来の展望をもち
  - 進路の選択・計画をし
  - 卒業後の生活によりよく適応し
  - 社会的・職業的自己実現を達成していく　ことに
  - 必要な生徒の自己指導能力の伸張をめざす
- 教師の　組織的継続的　な　指導援助　の過程である。

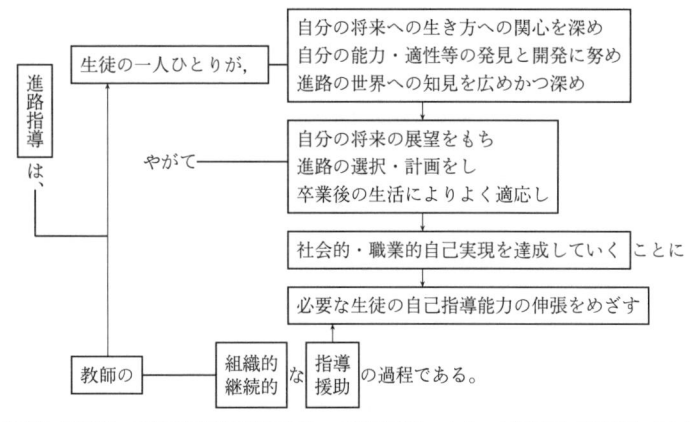

（出所）　文部省『中学校・高等学校進路指導の手引──高等学校ホームルーム担任編』(1975年) より作成。

図12-1　進路指導の定義

　進路指導の意義については、時代的な変遷もあり、表12-1のように諸外国におけるそれぞれの定義の特徴もみられる。文部省「中学校・高等学校進路指導の手引」にも昭和30年、36年、50年と若干の表現の差は見られるが、昭和50年の定義を図示すると図12-1のように表現でき、進路指導が「社会的・職業的自己実現を達成していくことに必要な生徒の自己指導能力の伸長を目指す」ものであることを明記している。

　また、日本進路指導学会の定義（1987）を見ても（表12-1参照）、「学校における進路指導は、……、自己の人生設計のもとに、進路を選択・実現し、さらに卒業後のキャリアにおいて、自己実現を図ることができるよう、教師が……」と述べている。

　以上から、生徒指導も進路指導もともに、一人ひとりの自己実現への過程における、教師の組織的、継続的な指導・援助であるといえる。

② 進路指導・生徒指導の歴史的変遷

1　進路指導・生徒指導の歴史的変遷の概要

　進路指導（職業指導）と生徒指導（生活指導）の歴史的発展の推移を概観すると、きわめて類似した傾向をうかがうことができる。

表12-2 生徒指導・進路指導の発達区分

		生徒指導（坂本／1980）	進路指導（増田／1971）
第1期	大正期	揺籃期（1912～1926）	啓蒙期
第2期	昭和前期	啓蒙期（1926～1937） 停滞期（1937～1945）	発展期（1927～1937） 停頓期（1938～1945）
第3期	昭和後期	導入期（1945～1951） 試行期（1951～1958） 対立期（1958～1966） 定着期（1966～1980・現在）	再興期（1946～1954） 転回期（1955～1970）
第4期（内藤）	昭和後期	見直し対応模索期（1977～1989）	
	平成前期	再発展期（1989～1998） ガイダンス機能再充実期 （教育カウンセリング発展期） （小学校生徒指導再検討期）（1998～）	

　戦前における生活指導から戦後の生徒指導への変遷については，坂本昇一の明確な発達区分（1980）があり，同じく職業指導（進路指導）については，増田幸一の変遷区分（1971）がある。
　これらによると，職業指導（進路指導）も生活指導（生徒指導）もともに大正の初期にその胎動が見られる。両者の変遷を比較したのが表12-2である。表12-2の第4期（昭和後期・平成前期）は，内藤が追加した分類である。
　坂本昇一は，生徒指導の発達区分として，大正期を揺籃期（1912-26），昭和前期を啓蒙期（1926-37）と停滞期（1937-45），昭和後期を導入期（1945-51），試行期（1951-58），対立期（1958-66），定着期（1966-80）とに分類している。
　増田幸一は，進路指導の発達区分として，大正期を啓蒙期，昭和前期を発展期（1927-37）と停頓期（1938-45），昭和後期を再興期（1946-54），転回期（1955-70）と分類している。
　内藤は，両者に追加して，生徒指導と進路指導の発達区分を，昭和後期（1977-89）を「見直し対応模索期」とし，平成前期の（1989-98）を「再発展期」，1998以降を「ガイダンス機能再充実期」とし，あわせて，「教育カウンセリング発展期」，「小学校生徒指導再検討期」としている。

2　教育課程における進路指導の位置づけの変遷

　学校における進路指導（職業指導）の教育課程への位置づけや内容は，さまざまな変遷を経て今日に至っている。以下，戦前・戦後から今日に至る教育課程化の歩みを概観してみよう。

(1)　戦前における学校教育への職業指導（進路指導）の導入

　啓発期（大正1年-昭和2年）

　日本における職業指導（進路指導）の動きは，大正8（1919）年大阪市立児童相談所で選職相談が開設され，翌大正9年にはそれが大阪市立職業相談所の新設へと発展し，翌大正10年には，東京市中央職業紹介所内に「性能検査少年相談部」が開設されるなど，主要都市に職業相談や性能検査を行う公私立の機関が設立されていった。

　大正10年には「職業紹介法」も制定され，従来は私的にあるいは慈善的な面も強かった職業紹介が，公的な，法に基づいたものと改まっていった。大正11年に文部省主催の「職業指導講習会」が開かれた。これは公的な最初のものとして意義深いものがある。

　大正13年には，東京市の高等小学校の教育体系のなかに職業指導を計画的に組み入れようとする自主的な試みがなされた。大正14年には，内務・文部両省連名通牒「少年職業紹介の件」により，職業指導が公式に学校教育に組み入れられ，関心も高まっていった。

　発展期（昭和2年-12年）

　昭和2（1927）年11月25日付，文部省訓令第20号「児童生徒ノ個性尊重及職業指導ニ関スル件」によって，学校における職業指導が公式に学校教育で小・中学校の教育実践に取り入れられる基盤ができた。このことは，今日の進路指導の教育課程化の第1歩を画したものと考えられる。

　また，この訓令の内容は，今日の進路指導ならびに生徒指導の重要な視点を多くうたっており，注目に値する。

　　＊　昭和17年11月2日付，文部次官通達「国民学校ニ於ケル職業指導ニ関スル件」によって，初等科第6学年および高等科における授業時間の指示がなされた。

(2)　停頓期（昭和12年-20年）

■第3部　個性をひらく特別活動と他の教育活動との関係

　昭和12年の「日華事変」から第2次大戦へと次第に戦時色が濃厚となり，本来の進路指導も学徒の勤労動員などへと歪められ，次第に衰退していった。

(3)　戦後の教育課程化の歩み（再興期・転回期・見直し対応模索期・再発展期・ガイダンス機能再充実期）

　戦後は，学習指導要領が改訂されるごとに，職業指導（進路指導）の教育課程への位置づけが明確化してきた。（表12-3参照）

〈第1期〉（昭和22年-26年）

　戦後の新教育の発足時でもあり，「職業指導」の時間を特設することも，「職業科のなかで「職業指導」を扱うことも可能であった。また，「職業科」が「職業および家庭」，さらに「職業・家庭科」と改訂されるにつれて，「職業指導」の位置づけも動いていった。」

〈第2期〉（昭和26年-33年）

　「職業指導」が「職業・家庭科」の第6群と「特別教育活動」のなかの「ホーム・ルーム」との両方に位置づけられた。高等学校では「ホーム・ルーム」。

〈第3期〉（昭和33年-44年）

　「職業指導」が「進路指導」と改称され，「特別教育活動」の「学級活動」のなかに一本化され位置づけられた。高等学校では「ホームルーム」。

〈第4期〉（昭和44年-52年）

　全教育活動における「進路指導」が，学習指導要領の総則で強調されると同時に，「進路指導」と「生徒指導」を補充し深化し統合する場として，「特別活動」のなかに「学級指導」が新設された。高等学校では，「各教科以外の教育活動」（改称）のなかの「ホームルーム」。

〈第5期〉（昭和52年-64年・平成元年）

　中学校・高等学校の一貫性をも配慮し，「進路指導」の一層の充実が図られた。中学校では特別活動のなかの「学級指導」で，高等学校では，「特別活動」（改称）のなかの「ホームルーム」のなかで従来通り。

〈第6期〉（平成元年-平成10・11年）

　中学校・高等学校学習指導要領の総則6-2-(4)では，「生徒が自らの（在り

第12章　特別活動と進路指導（生徒指導）

表12-3　進路指導（職業指導）の教育過程における位置づけの変遷

	学習指導要領の改訂	中　学　校	学習指導要領の改訂	高　等　学　校	小　学　校
第1期	昭22〜昭26	〈職業科と職業指導→（職業および家庭）→（職業・家庭科）――「職業指導」〉期	昭24〜昭26	昭和23年4月「新制高等学校」として発足	自由研究
第2期	昭26〜昭33	〈職業・家庭科，特別教育活動（ホーム・ルーム）――「職業指導」〉期	昭26〜昭30〜昭35	（中学の特別教育活動にならう）〈特別教育活動（ホーム・ルーム）――「職業指導」〉期	教科以外の活動
第3期	昭33〜昭44	〈特別教育活動（学級活動）――「進路指導」〉期	昭35〜昭45	〈特別教育活動（ホームルーム）――「進路指導」〉期	特別教育活動
第4期	昭44〜昭52	〈全教育活動，特別活動（学級指導）――「進路指導」〉期	昭45〜昭53	〈全教育活動，各教科以外の教育活動（ホームルーム）――「進路指導」〉期	49　特別活動　児童活動　学校行事　学級指導
第5期	昭52〜昭64（平1）	〈全教育活動，特別活動（学級指導）――「進路指導」〉期	昭53〜昭和64（平1）	〈全教育活動，特別活動（ホームルーム）――「進路指導」〉期	特別活動（同上）
第6期	平成1〜平成10	〈全教育活動，特別活動（学級活動）――「進路指導」〉期・人間としての生き方についての自覚・自己を生かす能力	平成1〜	〈全教育活動，特別活動（ホームルーム活動）――「進路指導」〉期・人間としての在り方・生き方についての自覚・自己を生かす能力	特別活動・学級活動・児童会活動・クラブ活動・学校行事
第7期	平成10〜	〈全教育活動，特別活動（学級活動）――「進路指導」〉期	平成11〜	〈全教育活動，特別活動（ホームルーム活動）――「進路指導」〉期	特別活動（同上）
				〈ガイダンスの機能の充実〉	

（出所）　内藤勇次編著『生き方の教育としての学校進路指導』北大路書房，1991年，75ページに追加。

方）生き方を考え主体的に進路を選択することができるよう，学校の教育活動全体を通じ，計画的，組織的な進路指導を行うこと。」（高等学校では「在り方生き方」）として，全教育活動における「進路指導」が強調されている。さらに，中学校では，新設の「学級活動」の内容に「(3)将来の生き方と進路の適切な選択に関すること。」が明示され，内容例として，進路適性の吟味，進路情報の理解と活用，望ましい職業観の形成，将来の生活の設計，適切な進路の選択などが示されている。高等学校では，「ホームルーム活動」の内容に「(3)将来の生き方と進路の適切な選択決定に関すること」が明示され，内容例として，進路適性の理解，進路情報の理解と活用，望ましい職業観の形成，将来の生活の設計，適切な進路の選択決定，進路先への適応などが示されている。

さらに，中学校・高等学校の特別活動の従来の目標に，「人間としての（在り方）生き方についての自覚を深め，自己を生かす能力を養う」との文言がつけ加えられ，特別活動における生き方指導としての進路指導と生徒指導の機能の充実が強調された。

③ 今日における進路指導（生徒指導）──ガイダンス機能再充実期

1 中学校・高等学校特別活動の目標と進路指導・生徒指導

新中学校・高等学校学習指導要領第4章「特別活動」には，目標として，「望ましい集団活動を通して，心身の調和のとれた発達と個性の伸長を図り，集団や社会の一員としてよりよい生活を築こうとする自主的，実践的な態度を育てるとともに，人間としての（在り方）生き方についての自覚を深め，自己を生かす能力を養う。」と明記している。（図12-2参照）

とくに，進路指導・生徒指導に関係深い箇所は，「人間としての（在り方）生き方についての自覚を深め，自己を生かす能力を養う。」との文言である。
〈（　）内は高等学校の表示。以下同じ〉

青年期の中学生・高校生は，親への依存から独立しようとし，他律から自律への要求が高まるとともに，自我の目覚めにともなって自己探索の道を歩みはじめる。自分とは何者なのか，人間は何のために生きているのか，自分はいか

第12章　特別活動と進路指導（生徒指導）

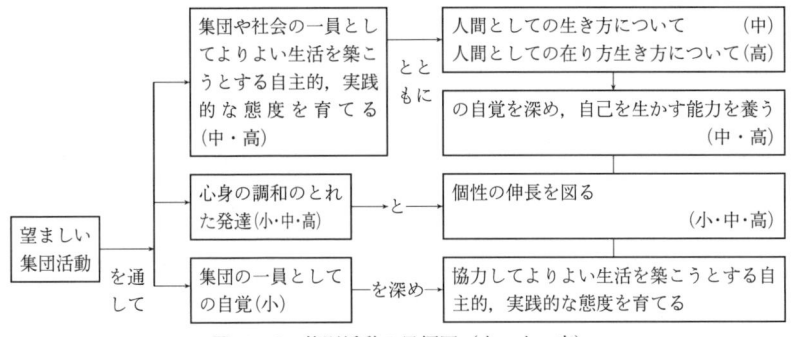

図12-2　特別活動の目標図（小・中・高）

に生きるべきか……など，今，ここで，の生き方における悩みや戸惑い。将来の夢や希望への期待や不安など，将来の生き方や進路の模索など生き方に関わるさまざまな課題を抱くようになる。

特別活動においては，望ましい集団活動のなかで，自主的，実践的な活動を通し，集団や社会の一員としての役割を果たしながら，豊かな自己実現にむけての努力が始まる。そこには，人間としての在り方や生き方を自覚し，自己をよりよく生かそうとする意志や能力を身につける積極的・主体的な活動が期待されている。ここに，特別活動の学級活動・ホームルーム活動において，「生き方指導」としての進路指導や生徒指導の基盤となる活動の展開が期待されている。

2　特別活動における進路指導・生徒指導の内容と重点

新学習指導要領に示された特別活動において進路指導・生徒指導に関連する主な内容を抽出すると，以下のような項目がある。

- 平成5年「文部事務次官通達の概要」：「学校選択の指導から生き方の指導へ」・「進学可能な学校の選択から進学したい学校の選択への指導」・「100％の合格可能性に基づく指導から生徒の意欲や努力を重視する指導への転換」・「教師の選択決定から生徒の選択決定への指導の転換。」
- 中学校・高等学校学習指導要領第1章総則　第6-2(4)，5-(4)「生徒が自らの生き方を考え主体的に進路を選択することができるよう，学校の教育活動全体を通じ，計画的，組織的な進路指導を行うこと。」同上2-(5)，5-(2)「生徒が学校や学級での

■第3部　個性をひらく特別活動と他の教育活動との関係

生活に（生徒が適切な各教科・科目や類型を選択し，学校やホームルームでの生活に）よりよく適応するとともに，現在及び将来の生き方を考え行動する態度や能力を育成することができるよう，学校の教育活動全体を通じ，ガイダンスの機能の充実を図ること。」
- 中学校・高等学校学習指導要領第4章　特別活動　第1目標（前掲）
- 同上第2内容A学級活動・ホームルーム活動(3)「学業生活の充実，将来の生き方と進路の適切な選択に関すること」：「学ぶことの意義の理解，自主的（主体的）な学習態度の形成（確立）と学校図書館の利用，選択教科（教科・科目）等の適切な選択，進路適性の吟味（理解）と進路情報の活用，望ましい職業観・勤労観の形成（確立），主体的な進路の選択（決定）と将来の設計など。」
- 同上C学校行事(5)勤労生産・奉仕的行事：「勤労の尊さや創造することの喜びを体得し，職業や進路にかかわる啓発的な（職業観の形成や進路の選択決定などに資する）体験が得られるようにするとともに，ボランティア活動など社会奉仕の精神を養う体験が得られるような活動を行うこと。」
- 同上第3-1(2)「生徒指導の機能を十分に生かすとともに，教育相談（進路相談を含む。）についても，生徒の家庭との連絡を密にし，適切に実施できるようにすること。」
- 同上(3)「学校生活への適応や人間関係の形成，選択教科（教科・科目）や進路の選択などの指導に当たっては，ガイダンスの機能を充実するよう学級活動（ホームルーム活動）等の指導を工夫すること。」
- 特別活動第2内容A学級活動・ホームルーム活動(2)「個人及び社会の一員としての在り方，健康や安全に関すること。」：ア「青年期の不安や悩みとその解決，自己及び他者の個性の理解と尊重，社会の一員としての自覚と責任（社会生活における役割の自覚と自己責任），男女相互の理解と協力（コミュニケーション能力の育成），望ましい人間関係の確立，ボランティア活動の意義の理解（国際理解と国際交流）など。」
- 高等学校特別活動第3-1-(4)「人間としての在り方の指導がホームルーム活動を中心として，特別活動の全体を通じて行われるようにすること。」
- 小学校学習指導要領第4章　特別活動　第2内容—A学級活動(2)日常の生活や学習への適応及び健康や安全に関すること。：「希望や目標をもって生きる態度の形成，基本的な生活習慣の形成，望ましい人間関係の育成，学校図書館の利用，心身ともに健康で安全な生活態度の形成，学校給食と望ましい食習慣の形成など。」
- 同上　第3-1-(2)「学級活動などにおいて，児童が自ら現在及び将来の生き方を考えることができるよう工夫すること。」
- 同上　第3-2-(2)「学級活動については，学校や児童の実態に応じて取り上げる指導内容の重点化を図るようにすること。また，生徒指導との関連を図るようにすること。」

以上述べたように，特別活動では，小・中学校の学級活動，高等学校のホームルーム活動を中心として，個性を生かす「生き方の指導」としての進路指導・生徒指導が展開されている。とくに，今回の教育課程の改訂において，小・中・高を通して「ガイダンスの機能の充実」が強調され，夢や希望をもって生きる態度の育成や，児童・生徒自ら現在および将来の生き方を考え，個性を生かした自己実現の過程を歩むよう支援することが，特別活動を中心として積極的に展開されている。

引用・参考文献
(1) 文部省『生徒指導の手引き』(改訂版) 大蔵省印刷局，1981年，1ページ，11ページ。
(2) 増田幸一「日本における進路指導の発達」増田幸一監修『実践進路指導講座Ⅰ 進路指導の本質』実業の日本社，1971年，24〜44ページ。
(3) 坂本昇一「我が国における生徒指導の歴史」飯田芳郎，沢田慶輔他編『新生徒指導事典』第一法規出版，1980年，15〜20ページ。
(4) 文部省『中学校・高等学校進路指導の手引――高等学校ホームルーム担任編』1975年。
(5) 日本進路指導学会編『進路指導の理論と方法』福村出版，1982年，24ページ。
(6) 内藤勇次編著『生き方の教育としての学校進路指導』北大路書房，1991年，62，63，65〜66，75ページ。
(7) 内藤勇次編著『小学校生徒指導の基礎・基本』学事出版，2000年，24ページ。

推薦図書
(1) 吉田辰雄編集代表『21世紀への進路指導事典』ブレーン出版，2001年。
(2) 日本進路指導学会編『キャリアカウンセリング』実務教育出版，1996年。
(3) 内藤勇次編著『生き方の教育としての学校進路指導』北大路書房，1991年。
(4) 日本進路指導学会編『進路指導の理論と方法』福村出版，1982年。
(5) 内藤勇次編著『小学校生徒指導の基礎・基本』学事出版，2000年。
(6) 宮川八岐編『全訂 生徒指導読本』教育開発研究所，2000年。

(内藤勇次)

第13章　特色ある学校づくりと特別活動

　本章は，特色ある学校づくりと特別活動の関係について考察する。特別活動は，もともと「学校文化の顔」としての象徴的な役割を有してきた。今後，特色ある学校づくりのニーズの高まりから，特別活動に寄せられる期待も高まると考えられる。特別活動を活用した特色ある学校づくりには，2つの方向性がある。第一は，特色ある教育活動（創意ある学校行事や学級活動など）を創出することである。第二は，特別活動の学びの質を深めることで，子どもたちの自発的・自主的な集団活動により，学校の特色づくりを行うことである。前者は教師や管理職の手によるものであり，後者は子どもたちの手によるものである。今後，学校と地域との連携による特色ある学校づくりが求められるという現状から，2つの事例を紹介し，教師の意識変革の必要性と教師間の同僚性の構築を課題として提示する。

① 求められる特色ある学校づくり

　現在，特色ある学校づくりが学校経営の重要な課題となっている。学校の個性化，魅力ある学校づくり，学校文化の創造やスクールアイデンティティといった言説も，いかに特色ある学校づくりが求められているかを示している。
　この特色ある学校づくりへの意識の高まりの背後には，まず画一化された学校教育への批判が存在することを理解しておく必要がある。近年，『GTO』というマンガが流行し，ドラマ化・アニメ化されたことは記憶に新しい。その物語では，一人の非常識な教師（元暴走族）の巻き起こすトラブルが，問題クラスとされた2年4組，さらには学校を変革する。ここには，画一化・硬直化した学校教育への批判が潜み，それを突き破るには非常識な教師に期待することしかできないという，若者たちの心性が表れている。さながら，どこを切って

も同じ顔がでてくる金太郎飴のように，どの学校に行っても同じという，いわば「金太郎飴化された学校」イメージが，学校教育に対して構築されてきたという問題である。

また特色ある学校づくりに対する意識の高まりの背後には，学校を子どもたちにとって魅力的にすることで，学級崩壊，不登校，落ちこぼれや校内暴力などの教育問題を改善できるという期待も存在している。

こういった現状や教育問題を打開するため，1998（平成10）年7月の教育課程審議会（教課審）の答申「幼稚園，小学校，中学校，高等学校，盲学校，聾学校および養護学校の基準の改善について」と，9月の中央教育審議会（中教審）の答申「今後の地方行政の在り方について」の2つの審議会の答申により，特色ある学校づくりが推進されることとなった。とりわけ，中教審では，個々の学校の弾力的運営による特色づくりの可能性を高めるために，具体的に「学校裁量権の拡大」が示され，行政レベルでもその推進体制を整えつつある。

一方で「特色」というタームは，非常に抽象的であり，その意味するところが漠然としているため，誤解を招くおそれがある。ここで指摘しておきたいことは，「特色」とは，表面的な差異を示す用語ではないということである。すなわち特色ある学校づくりとは，単に他の学校と違った教育活動や奇をてらった珍しい教育活動を作るということではない。確かに刺激的で珍しい教育活動は，子どもたちを引きつけるかもしれない。しかし，子どもたちの実態を無視したり，おもしろいが何を学習したのかわからない，学びの深まりのなさ，といった問題にもつながりかねない。

特色ある学校づくりの課題は，その学校で行う教育活動をどのように「質的に深めるか」ということである。わが国の公教育は教育機会の均等をめざし，量的に拡大をしてきた。そのなかで，「公平性」を求め，全員に平等な教育を押し進める上で，画一化され，さらに受験社会の浸透のなかで，「偏差値学力」重視の学校教育に特化されてきた。こういった現在，量的に拡大された教育機会を，いかに学校の実態に即して，質的に深化していけるかが，問われている。子どもや教師といった人的要素，校舎やグランドなどの物的要素，地域特性，歴史や伝統などの実態に即して教育活動の深化をめざしていくならば，必然的

に個々の学校独自の教育活動が創出されるととらえるべきである。この観点から創出される学校の特色が、最終的には子どもたち、さらには学校の教職員や地域の人々にも、この学校でよかったという、心の居場所としての学校づくりにつながるのである。

② 特別活動と特色ある学校づくりの関わり

1 特色ある学校づくりの元祖としての特別活動

もともと教科書のない特別活動は、学校の伝統や地域特性に深く関わり、特色ある教育活動を提供してきた。近代学校制度の成立以降、特別活動が正規のカリキュラムとなるまでにも、各学校には非制度的に自治会（児童・生徒会の母胎）や学校儀式（運動会や修学旅行などの学校行事）が存在していた。それらの伝統的な行事や活動を母胎に各学校で行われてきた特別活動は、特色ある教育活動を提供してきた。とりわけ、学校行事は、「学校文化の顔」としての存在であり、それらの行事をのぞくと、その学校がわかるといった象徴的機能を有してきた。たとえば、卒業アルバムなどでの学校の思い出において、学校行事の登場回数の多さは、子どもたちの生活世界における特別活動の役割——象徴的機能——を物語っている。

1998（平成10）年の学習指導要領改訂における「総合的な学習の時間」の創設と特別活動の時間の削減により、特別活動において行われていた特色ある教育活動、たとえば奉仕活動や国際理解教育などが、「総合的な学習の時間」へ再編されている現状も、特別活動が従来から、特色ある教育活動を創出してきたという歴史的な経緯を示している。

とりわけ、特別活動は、失敗の許される活動である。というのも、子どもたちの自主的・自発的な集団活動は、必ずしも成功するとは限らない。自主的・自発的な活動において、子どもたちは成功や失敗を繰り返し、成功から達成感を得、失敗から今後の課題を学ぶ。とりわけ、教科書のない特別活動にはさまざまな試みが可能であり、失敗したとしても、試みるという過程に非常に重要な教育効果が存在しているのである。この特質から、多様な教育活動が試みら

れてきたし，今後も創出されていくであろう。この特質にも特別活動に期待される特色ある学校づくりの場としての役割が垣間見られる。

2　特別活動による学校づくりの2つの方向性

特別活動を中心とした学校づくりの方向性は，2種類ある。

第一は，特色ある活動の構築である。わかりやすくいえば，学校行事や特別活動の全体計画のテーマを創意あるものとし，特色をつくりだすことである。「学校文化の顔」としての各学校の特色を象徴するような学校行事をつくりだすことである。個々の学校で，この学校にしかないという行事や学級活動，あるいは特別活動全体の年間計画を作成する。これは教師や管理職の手による特色づくりである。

第二は，特別活動の目標を達成することである。特別活動によって構築された児童集団や生徒集団の自治的な活動によって，学校の特色が生み出される場合である。子どもたちの自主的な集団活動を構築することは，特別活動の目標の一つの柱である。そういった集団づくりを行うことで，子どもたちが自ら学校の特色を創り出していく。特別活動のあらゆる内容には，子どもたちの手による学校づくりの場面が用意されているため，特別活動の目標を達成するための活動が，すなわち特色ある学校づくりに他ならない。これは，子どもたちの手による特色づくりである。この特色づくりでは，教師や管理職は，基盤づくりとして関わることになろう。

この第一と第二の方向性は，まったく関わりのないものではない。特色ある学校づくりと特別活動の関わり方を，わかりやすく2つに分けて整理したのであって，この2つを効果的に関連づけることで，特別活動の教育的効果が高まり，その学校ならではの特色がつくられる。

ここで，特別活動における学びを質的に深めることを目標に学校独自の活動内容を作成することで，第二の子どもたちの手による特色ある学校づくりが可能となった事例を紹介したい。

松山市立南第二中学校では，子どもたちの学校・学年・学級への所属感が減少しているという実態を鑑み，平成8年度の一年間の準備期間のあと，平成9

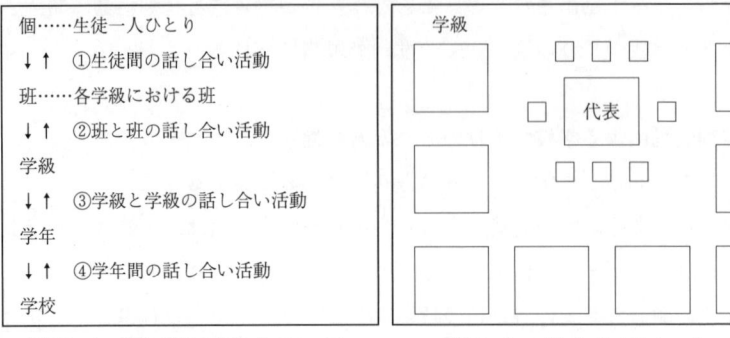

■第3部　個性をひらく特別活動と他の教育活動との関係

```
個……生徒一人ひとり
↓↑　①生徒間の話し合い活動
班……各学級における班
↓↑　②班と班の話し合い活動
学級
↓↑　③学級と学級の話し合い活動
学年
↓↑　④学年間の話し合い活動
学校
```

図13-1　個と集団の関わりのレベル　　図13-2　パネルディスカッション型

年度より「全体学習」という取り組みを始めた。学級活動で行われる話し合い活動は，「何のための話し合いか」という点が不明確になりやすい。そこで，図13-1のようなモデルをつくり，個＝班＝学級＝学年＝学校というつながりのなかで，学級活動の話し合い活動に目標をもたせ，個々の子どもと学級・学年・学校への関わりを感じさせ，所属感を高める活動を計画し，実施してきた。南第二中学校は，生徒数約1000人の大規模校であり，松山市内に位置している。学年や学校全体での教育活動の実施の難しい大規模校において，成果を上げつつあることに，各学校における実施の可能性が示されている。

　図13-1の③の学年全体学習では，学習形態として，主にパネルディスカッション型（図13-2：各学級の代表が学年全員の前でパネルディスカッションを行う）を用いて行ってきた。たとえば，「仲間づくり」「学年旗をつくろう」「少年記念式典を考える」など，子どもたちのなかから出される議題について討論してきた。

　こういった学年全体の話し合い活動を重ねるなかで，個性豊かな学年旗を子どもたちの手で作成したり，少年記念式典では，26 kmのウォークラリーを行うことを計画実施してきた。子どもたち自身が討論し決定したことを，教師集団は温かく容認し，子どもたち自身に実践させ，達成感を感じさせ，次への意欲をつくらせている点がこの学校の「全体学習」の特色である。この実践は，特別活動の「話し合い活動」の教育効果を質的に深めることを目標に実践を行った結果，子どもたちの学級・学年・学校への所属感が高まり，子どもたち

に「この学校でよかった」という心の居場所をつくり出してきた。

　特別活動の目標を達成するための学校実態に即した取り組みが，結果として学校の特色づくりになっている。さらに成果として，(1)学級活動や学校行事への子どもたちの積極性が高まってきたこと，(2)従来の学級王国からの脱却という教師の意識変容—学年全体の生徒をすべての学年担任で見ることで学年全員の担任という意識の芽生え（学年担任教師間の同僚性と教師文化の創出）が生じてきたことも付記しておきたい。

③　学校と地域の連携による特色ある学校づくり

　これまで，特別活動の実践は，そのまま特色ある学校づくりとなっていることを示してきた。ここでは，1998（平成10）年の学習指導要領において強調された，学校と地域の連携に着目してみる。特色ある学校づくりと特別活動の関わりに関して，学習指導要領の指導計画の作成と内容の取り扱いの第1項では，「家庭や地域の人々との連携，社会教育施設等の活用の工夫」が，特色ある学校づくりの具体的な方策としてあげられ，一層の期待がされている。[1]これまでも，運動会では，地域の運動会と学校の運動会を同時に行っている学校もあるし，文化祭には地域の人たちが参加する学校もある。とりわけ学校行事など「ハレ」的な要素をもつ特別活動は，地域との関わりの深い活動が多い。以下，いくつかの実践事例を紹介しながら，地域連携のあり方と特色ある学校づくりについて考えてみたい。

1　学校行事の地域の行事化
　　　——地域の社会教育事業との連携による特色づくり

　学校はそもそも地域のなかに存在している。そのため学校は，地域の文化の上に，学校文化を有していることになる。それならば，地域を見直し，地域に潜む教育資源を積極的に学校教育に位置づけることで，学校の教育効果を高め，子どもたちや地域の実態に即した教育活動を可能とする。そういった実践が自ずと特色ある学校づくりとなる。まず，はじめにそういった地域を見つめるな

かで，学校特色が生まれている事例を紹介したい。

愛媛県大三島町では，「ふるさと伝承文化発表会」という活動（学校においては学校行事の位置づけ）を公民館と大三島中学校の協力体制のもとで行っている。この発表会は，①愛郷心の育成，②伝承文化の後継者づくり，③人権意識の啓発（古来から祭りでは，男性中心であった問題を考慮し，女性の参加を可能にし，地域全員が楽しめる行事づくり）を目標としている。発表会では，大三島町の9の地区に伝承されている行事を中学生が主体となり，各地区ごとに発表する。

大三島町では，過疎化・高齢化が進行し，現在人口4499人，高齢者率43.4％は全国でも上位に位置する。こういった地域の現状では，愛郷心の育成と伝承文化の後継者づくりが急務である。「ふるさと伝承文化発表会」は，そういった地域実態を考えるなかで生まれ，大三島中学校の学校行事と公民館事業とのタイアップした活動である。

「内容」

① 全学年で地域ごとに分かれ，中学生にとって何が故郷の誇れる伝承文化かを話し合い，出し物の演目を決める。

② 演目が決まると，練習の日程を決め最寄りの公民館に集まり，指導者や中学校の教諭，PTAの保護者を含めて役づけや発表会までの準備等について話し合う。

③ 公民館で保護者，教師の指導のもとに練習を行う。

④ 発表会の数日前に，発表会場で予行練習を行う。

⑤ 発表会は中央公民館前の広場で開催し，生徒会の進行のもと各地域の伝承文化を大勢の町民の前で披露する。

　　＊①～④までは，中学校の主導で，公民館は⑤の発表の場の設定と経費の助成を行っている。発表会は11月3日の文化の日に主に行われ，同日開催として文化協会主催の「菊花展」，町・町教育委員会共催の「瀬戸内児童生徒美術展」も実施している。

この活動は，学校の特色を創り出そうとして生まれてきた活動ではなく，地域全体の実態から生まれた教育活動が学校の特色を生み出している事例である。地域の実態を見据え，子どもたちや地域の将来を考えた結果として，学校教育

における教育活動の質的な深まりが生まれてくる。この活動を体験した子どもの「この大三島に残る歴史ある伝承文化をいつまでも絶やさないように努力したいと思います」という感想には,「祭りの楽しさ」にとどまらず,「伝えていきたい」という意欲が生まれていることが伝わってくる。

　大三島町は,公民館を主体として社会教育事業に積極的に取り組んでいる。そういった社会教育施設の事業の蓄積と人材のネットワークが,こういった学校の教育活動の指導を助けている。

　確かに,地域連携とはいうものの,学校が1からスタートして,地域と連携した教育活動を作りあげるには,多大な時間と労力を要する。しかしながら,社会教育事業においてすでに,さまざまな人材のネットワークがつくられ,さまざまな地域実態に即した教育活動が行われている。この社会教育事業において蓄積されてきたネットワークや活動と学校の教育活動のタイアップにより,効率的な連携が可能となる。いや効率の問題だけでなく,地域にとっても,学校にとってもかけがえのない教育活動が構築される。

　学校の管理問題もあり遅々として進まないが,学校開放による学校の社会教育の教室としての利用や社会教育事業への子どもたちの参加により,お互いの教育活動を深めたり,幅を広げることが可能となる。その意味でも,地域の学校としての学校の機能を再度見直し,地域にある教育資源を最大限利用することが強く学校に求められている。

2　「地域・家庭・学校の連携づくり」と特色ある学校づくり

　ところが,「特色を出せといわれても,この学校や学区には,独自の地域の伝統や自然はないし……」といった学校の嘆きもあろう。確かに,都市部などで地域社会という意識が希薄な場所もあり,それらの学校では,地域という考えを子どもたちに考えさせることが難しい場合もある。

　しかしながら,学校にある既存の特色を生かしたり,地域の特色を学校へ持ち込むだけでなく,学校で地域の特色を創出することも,特色ある学校づくりには求められている。ひいてはそれが学校を中心とした地域づくりともなる。そこで,歴史的に伝統の浅い,新興住宅地を校区にもつ学校の実践をみてみよ

う。この事例は，先の事例の「地域のなかにある学校」という視点に，さらに「学校を中心とした地域づくり」という視点が付加されている。

山口県下松市の東陽小学校では，平成9年度から11年度にかけて，山口県の地域を生かす教育グレードアップ事業のパイロット校として指定を受け，「子供一人ひとりの心のふるさとづくりと開かれた学校づくりを求めて〜地域の自然や文化，人々とのかかわりを通して一人ひとりが生き生きと主体的に学ぶ〜」という研究主題を掲げ，地域連携に取り組んできた。[2]

古くからの切山地区（住民約700人，県無形文化財の切山歌舞伎という伝統のある地域）と新興住宅地である東陽地区の二地域を校区にもつ東陽小学校は，開校14年目である。地域・家庭・学校ともにゼロから学校をつくろうという意識の高かった開校当初に比べ，新興住宅地の居住者（他地域よりの転入）の増加にともない，学校や地域への愛着が減少している。そういう思いから，主体的に地域の教育資源に関わる場を設定することで，地域・家庭・学校の連携を深め，心のふるさとづくりを行う必要があり，先の研究主題を設定している。この実践は，非常に興味深い。歴史的な伝統の浅い学校が，地域・家庭・学校の連携により，地域の伝統をつくり出そうとしている点で，多くの学校における教育実践の参考になると考えられるため，ここに事例としてあげた。

とりわけ，①体験的な学習・活動を取り入れ，②主体的に学ぶ子どもの育成をめざした「東陽小プラン」を策定し，③地域素材を教材のなかに生かした「地域を生かす教育試案」と，④地域のなかに課題を求め追求していく「夢広場学習」を教育課程のなかに計画的に位置づけて取り組んでいる点，さらにそういった活動を地域・家庭とともに作りあげるため，「東陽小ネットワーク」を組織している点が，東陽小学校の教育プロジェクトの特色である。

注目したい特色の第一は，各教科・道徳・特別活動・総合的な学習の時間において，①人材バンク（東陽小ネットワーク），②自然，③文化・施設という地域素材を利用している点である。

資料13-1は，3年生の特別活動の実践記録である。この活動では，保護者と子どもと地域の人々の連携をはぐくみ，参加者の地域への関心を高めている。この実践記録にあるように，特別活動は，保護者や地域の人々の積極的な参加

第13章 特色ある学校づくりと特別活動

資料13-1 特別活動の実践記録

日　時	平成11年12月18日　2, 3校時	場所	運動場, 団地内
学年・組	3年　全, 保護者	人　数	児童　　84名 保護者　約70名
教科・領域	特別活動	題材・単元	学年PTA　親子でごみ拾い 　　　　　ごみについて学ぼう
ねらい	\multicolumn{3}{l}{親と子, 教師がともにごみ拾いやごみについての勉強をすることを通して, 地域に関心をもつとともに, 親睦を深める。}
地域素材	\multicolumn{3}{l}{(人材) 下松市環境事業課の方　3名　　　　連絡先 ○○―○○○○ (自然) 団地内の道路, 公園 (文化・施設) パッカー車}
事　前	\multicolumn{3}{l}{・親子でごみについて質問したいことを話し合った。 ・PTA学級委員さんが, 講師依頼, 保護者への案内, 質問事項のまとめと送付等, いろいろな準備をしてくださった。}
準　備	\multicolumn{3}{l}{(児童) ゴミ袋, 軍手, 火ばさみ, 防寒着 (教師) カメラ}
主な活動	\multicolumn{3}{l}{　　　～ 9：00　　運動場集合, コース説明 　9：10～10：00　親子でごみ拾い (各学級　6グループ) 10：00～10：15　運動場集合 　　　　　　　　分別作業 10：30～11：00　環境事業課の方のお話 　　　　　　　　質問 11：00～　　　　パッカー車の実演}
事　後	\multicolumn{3}{l}{・環境事業課の方にお礼の手紙を書いた。 ・PTA学級委員さんが子どもたちの書いたお礼の手紙を送ってくださった。}
感　想 気づき	\multicolumn{3}{l}{・当日は, 雪がちらついて寒い日だったが, 児童はごみについてのお話をよく聞いていた。いろいろと勉強になったことはお礼の手紙からも伺えた。 ・ごみを拾うという活動を通して, 親子, 子ども同士, 親同士, 大人と子どものふれあいができ, たいへん有意義な活動であったと思う。 ・学年PTA活動ということで, 学級委員さんが連絡等ほとんどしてくださり, ありがたく思っている。 ・環境事業課の方から, 後にお返事の手紙をいただき, 児童は喜んでいた。}

を可能にしている場として機能し，子どもだけでなく地域の人々や保護者の教育機会としても，活用されている。このように特別活動の特性を生かし，地域・家庭との連携を行うことで，東陽小学校における教育活動の学びの質を深める工夫がなされている。

この事例においても使用されていた人材バンクやゲスト・ティーチャー制は，近年多くの学校で，取り組まれている。たとえば，香川県坂出市立中央小学校では，スクールモニター制の設置と人材バンクの活用が行われ，教育活動の多様性と深まりをつくり出している(3)。

ここで，人材バンクやゲストティーチャー制度の問題に言及しておきたい。学校によっては，人材バンクをつくったものの，それが活用されていない。必要な人材がそこに登録されていないという問題がある。この場合，どのような人材が必要なのか，どういった授業において活用可能なのかという学校側の作成時の検討不足が多く見られる。この問題は，学校の実態にあわせて行う必要があることを示している。先の東陽小学校や坂出小学校では，学校の教育目的や全体計画との関連で，人材バンクを構築している。こういった学校全体の目的と計画に応じた必要性がなければ，その効果は得られない。この点を留意しておく必要がある。

以上見てきたように，大三島中学校や東陽小学校の事例は，今後の特色ある学校づくりにおける地域連携のあり方や社会教育施設等の利用に，特別活動の活用可能性が示されている。

4 今後の特色ある学校づくりに向けて──学校経営の課題

今回，とりあげた事例は，「特色ある学校づくり」を目標に教育活動を構築してきた学校ではなく，各学校の教育活動の質的深まりを求めるなかで，「特色ある学校づくり」が行われてきたものである。これらの事例から「特色ある学校づくり」を可能とする学校の課題を示しておく。

1 「急がば回れ」の意識変革

　確かに特別活動の重要性の認識においても，教師間では温度差がある。そういった温度差から，学校内での特別活動の全体計画も，長い話し合いの結果，例年通りに帰着することもしばしば見られる。さらに教師の職務上，目の前の子どもたちの問題への対応に追われることが多く，責任感の強い教師ほど，日々の職務にとらわれ，そういう話し合いの時間よりも，現実対応を重視することもある。しかしながら，「学校にいて楽しい」という意識は，日々の教育活動への児童生徒の意欲の基盤となり，個々の教師の教育活動にもプラスの影響を与え，目の前の諸問題を解決してくれることもある。すなわち，学校全体の特別活動の計画には多大なる時間が必要とされ，その成果も見えにくいが，「急がば回れ」のことわざのように，遠回りに見えることがじつは近道であったという教育効果を特別活動は有している。学校経営および個々の教師の実践において，特別活動を積極的に活用することは，十分個々の教師にもメリットがある。

2 「みんなの担任」という同僚性――教師と子どもの「われわれ感情」

　本章で紹介した南第二中学校では，生徒の学年への所属感を高める教育活動を行った結果，教師の学年への所属感が生まれ，「学年の生徒全員の」担任としての意識と教師間の同僚性が構築された。特別活動は，学級・学年の枠を越え，教師＝生徒間の人間関係また教師間の同僚性をつくり出す時間と空間を提供している。そのなかで，「みんなの担任」として，教師が子どもたちに接し，教師間での同僚性を確立することが，一つの特色づくりであり，かつ，学校の特色づくりを可能とする基盤をつくることになる。すなわち，一人ひとり違う感じ方や考え方や価値観を複数の人間が分かち合うことによって生まれる同質の世界「われわれ感情」[4]をつくり出すことは，特別活動の一つの目標であり，そのまま，特色ある学校づくりとなる。特別活動をめぐる子ども間，教師＝子ども間，教師間の異質な意見のぶつかり合いが，そういった「われわれ感情」をつくり出していくのである。

3　子どもたちの手による特色ある学校づくり

　特別活動は，本来的には，子どもたちの自主的・自発的な学校づくりの場である。特色ある学校づくりを，教師や管理職の立場から考えるのではなく，子どもたちの手による特色づくりを考えさせていくことが必要である。教師や管理職は，そのための基盤づくりを行い，子どもたちの活動を容認し，支援し，そして自律させていく。このような支援体制を確立し，特別活動の目標の達成をめざしていくのであれば，自ずと学校の特色は生まれてくるはずである。子どもたちの自主的・自発的な活動によって生まれた学校の特色こそ，「この学校でよかった」という心の居場所を生み出していくことを記しておきたい。

引用・参考文献
(1)　文部省『中学校学習指導要領』大蔵省印刷局，1998年，103～104ページ。
(2)　東陽小学校の事例は，下松市東陽小学校「かがやき」（平成9・10・11年度山口県地域を生かす教育グレードアップ事業パイロット校），平成12年度を参考とした。
(3)　奈須正裕編『"実践に学ぶ"特色ある学校づくり「指導方法・カリキュラム」編』教育開発研究所，2000年，142～147ページ。
(4)　片岡徳雄編『特別活動』福村出版，1990年，86～87ページ。

推薦図書
(1)　奈須正裕編『"実践に学ぶ"特色ある学校づくり「指導方法・カリキュラム」編』教育開発研究所，2000年。
(2)　『全訂特別活動読本——完全5日制・新教育課程下の特色ある特別活動の在り方を徹底考察』（教職研修総合特集，No.139），教育開発研究所，2000年。
(3)　日本特別活動学会編『キーワードで拓く新しい特別活動』東洋館出版社，2000年。
(4)　『特色ある学校づくり読本』（教職研修総合特集，No.43），教育開発研究所，1988年。

（白松　賢）

第14章　特別活動と学級経営

　学級経営とは，教師が学級における教育活動の目標を実現するために行う，総合的な計画立案とその実践をいう。現代の学級には，学級崩壊やいじめなどの諸問題が見られ，学級において望ましい人格形成を行うためにも，学力の向上を図るためにも，適切な学級経営が求められている。

　本章では，学級経営の概要を示した後，学級経営を学級づくりという視点からとらえ，その具体的な手法を明らかにするとともに，学級づくりが特別活動と深い関係にあることを指摘する。その上で，特別活動が学級づくりを促進し，望ましい学級経営を行う原動力となりうることを，実践例を交えて明らかにしていきたい。

1　学級経営の特質

1　学級経営とは

　初めて学級担任となった教師は，何を考えるだろうか。多くの教師は，自分の学級の子どもたちといい関係を作り，いい授業を展開し，いい学級を作りたいと願うに違いない。じつは，そうした願いを実現するために，学級経営という考え方がある。つまり，現実に，いい学級を作るためには，教師は自分が受けもつ学級をさまざまな側面から組織・運営する必要がある。そして，その具体的な手立てが学級経営と呼ばれている。すなわち，学級における教育活動の目標を，最も有効に展開し実現するために，教師が総合的な計画を立案し，運営していくことを学級経営という。

　わが国の学級の起こりは，明治19年の小学校令にまでさかのぼる。その後，学級は「一人ノ本科正教員ノ一教室ニ於テ同時ニ教授スヘキ一団ノ児童」と定められ，歴史的に，教師と児童・生徒を構成要員とする安定的・持続的な集団

として存在してきた。また，当初より学級には，単に学力の育成だけではなく，その安定的・持続的な教師と児童・生徒，児童・生徒相互の人間関係から，児童・生徒の人格形成もが期待されてきたという[1]。

　しかし近年，いじめや学級崩壊など，わが国の学級は，マスメディアで盛んに報道を繰り返されているように，多くの問題をかかえている。その原因は，さまざまに議論されているが，学級のあり方に着目する研究も多い。たとえば，滝充は，いじめ問題に関する調査研究から，学級の雰囲気に着目して「凝集性が強い（学級の結束が固い）ほうが，いじめ行為に関わる人数が少なくなる」と指摘している[2]。

　また，竹川郁雄は担任教師と子どもとの関係に着目して，担任教師による統制が極端に強すぎる場合と弱すぎる場合に，いじめを許容する雰囲気が形成されやすいと指摘する。たとえば，「先生がこわいか」という質問に対して，「ものすごくこわい」と「こわくない」の両極端を選択した者の学級に，いじめを許容する雰囲気が形成され，いじめが起こりやすいことが示されている。すなわち，あまりに教師の統制が強い学級では，ストレス解消的にあるいは教師に替わる制裁という意味でいじめが生じやすく，教師の統制があまりに弱い学級では，異質な者を排除しようとする意識や，からかいやふざけとしていじめが生じやすいと考えられている[3]。

　さらに，学級崩壊に関する調査からも，学級のあり方がその一因となっているとの指摘がある。たとえば，学級がうまく機能していない状況とされている102学級の内，74学級で「教師の学級経営に柔軟性を欠く」ことが原因であると報告されている[4]。

　このように，現代の教育問題の生起に関しても，学級のあり方，すなわち学級経営の重要性がますます高まっているといっても，過言ではない。そこで，次に，学級経営の役割を明らかにすることにより，学級経営のあり方について考えてみたい。

2　学級経営の役割と計画

　学級経営の内実は，その学級の教育目標の設定により異なり，それぞれの教

師の方針によって，多様にとらえられる曖昧な概念である。しかし，大きく分けて，その役割には，児童・生徒の学力の育成と，児童・生徒の人格の形成という2つの考え方がある。

 第一に，学級の教育目標を学力の育成とし，学級経営を，授業場面での学習効果を上げるための条件整備ととらえる考え方がある。この考え方は，アメリカで始まった学級経営（教室経営）の研究が，「授業の失敗」の原因解明から起こったことによっている。つまり，授業の失敗は，児童・生徒の人間関係のゆがみ，教室の施設・設備の不備，教師のパーソナリティの欠陥の3つを原因とし，これらの原因を取り除き，授業を成功させることが学級経営の役割と考えられた。

 第二に，学級の教育目標を児童・生徒の人間形成とする立場からは，いわゆる「学級づくり」を中心に，学習指導をも視野に入れた学級経営の考え方が示されている。すなわち，学級の集団構造，具体的には教師と児童・生徒間，児童・生徒相互の人間関係が共感的・支持的なものになることにより，学級における学習への意欲が増大し，さらにそうした人間関係から，良好な人間形成をもたらすという，相互循環的な考え方である。したがって，人間形成が，学習指導をも含み込んだ教育活動ととらえられ，学級経営は，学級でのすべての活動を視野に入れたものとして考えられている。

 こうした学級の教育目標の方向により，学級経営の力点は微妙に異なるに違いない。しかし，いずれにしても，その具体的な経営方針は教師によって，多くは年度当初に立てられることになる。その内容は，多岐にわたるが，一般に次のような事項が考えられる。

 まず，教師が担任をする学級の現状を把握することである。すなわち，児童・生徒の家庭状況や地域の実情，児童・生徒の性格や態度傾向，関心や興味，学習への取り組みや友人関係などである。ただし，これは，児童・生徒の問題点をあらかじめチェックするといった性格のものではなく，彼らの内面理解のためのデータとして考える必要がある。

 次に，学級経営をどう進めるかという見通しをもつことである。それは，教師自身の教育目標の立て方と深く関わるが，具体的には，教師と児童・生徒の

人間関係をどのように作りだしていくのか。児童・生徒相互の人間関係や学級の集団構造をどう作りだしていくのか。さらには、こうした活動を通して形成される学級の雰囲気や風土をどのような方向で考えるのか。そうした、さまざまな見通しをもった計画を立てることが必要となる。

さらには、いわゆる教室環境をどう整えるかが問われる。机の配置、掲示・展示物のレイアウトなど、意図する学級経営にふさわしい環境をどう作りだすかが、考えられる。[6]

また、こうした学級経営の留意点としては、次のようなことがポイントとなる。

まず、先に述べたように、こうした学級経営の計画は、教師がどのような教育目標をもつかによって、大きく異なる。すなわち、教育活動の目的をどう考えるのか。そのことと関連して、児童・生徒との人間関係や学級集団をどうとらえていくのか。そうしたことが、明確にされねばならない。しかし、その学級経営は、開かれたものでなければならない。いわゆる「学級王国」の閉鎖性・排他性を打破するためにも、他の教師との情報交換や協同、保護者との連携、連絡などをつねに心がける必要がある。

いうまでもなく、学級経営には目標設定が不可欠であるが、その目標に固執すべきではない。その時々の学級集団や児童・生徒の実情に合わせて、柔軟に対応することが求められる。また、学級経営は、絶えず向上を図る営みであり、学級の実情にふさわしい目標が、段階的に追求される必要がある。[7]

このように、学級経営のとらえ方は、その目標の設定のし方により、さまざまである。ところで、特別活動との関わりで学級経営を考える立場からすれば、その教育目標は主に、先にあげた児童・生徒の人間形成にあると考えることができる。そこで、次に、いわゆる「学級づくり」に焦点を移し、その視点、具体的な方法と実際の手だてをみてみよう。

2　学級経営と学級づくり

1　学級づくりの視点

　学級づくりは，学級経営を児童・生徒の人間形成をめざした教育活動の全体としてとらえることから出発する。ところで，学級を児童・生徒の立場からとらえれば，それは自分の意志とは無関係に，あらかじめ決められた仲間と教師によって構成される「所属集団」であるに過ぎない。しかし，児童・生徒の人間形成をめざすためには，学級集団が，単に外部から強制的に付与された所属集団ではなく，児童・生徒が愛着を感じる集団になる必要がある。そうした集団を「準拠集団」と呼ぶ。それは「個人が自分をその集団に関係させたいと望んでいる集団」のことである。(8) そうした集団でこそ，児童・生徒の人格形成，すなわち望ましい態度形成と変容がもたらされると考えられる。いいかえれば，所属集団として出発した学級集団を準拠集団に作り変えていくこと，そこに学級づくりの意義があるといえる。

　ところが，教室の現実は厳しい。ある女子中学生の訴えを読んでみよう。

　　「クラスの女の子が冷たく感じるんです。このままいったら親友ができるかどうか心配です。無視されたり，いじめられたりするのではないか，と不安でたまりません。女の子たちの間では，グループ化が進んでいて，話しかけても，グループの子じゃないと，冷たくあしらわれてしまうんです。(9)」

　このような風景は，今，いじめの問題と関わり，多くの学校で問題となっている。じつは，冷え冷えとしたこうした集団の雰囲気は，防衛的風土と呼ばれている。

　防衛的風土の特徴は，仲間の間に恐れや不信といった雰囲気があり，攻撃的で，とげとげとした感じの風土である。また，防衛的風土の学級では，全体の仲間という意識が薄く，グループとグループの対立が起こりやすくなっている。先の，女子中学生が所属する学級は，まさにこの防衛的風土になっているのがよく分かる。一方，こうした冷え冷えとした風土ではなく，暖かい風土のこと

を，支持的風土と呼ぶ。

　支持的風土は，その名称の通り，仲間の間にお互いを支持し合う雰囲気があり，暖かさを感じることができる風土である。したがって，支持的風土をもつ学級では，自分の考えや思いを素直に出せること，お互いのコミュニケーションがスムーズに行われることなどが特徴となる。さらに，児童・生徒の活動に，自発的・創造的な活動が見られやすいことや，お互いに助け合う協同や相互扶助の活動が見られやすいことも特徴となる。学級経営をうまく行うためには，いうまでもなくこの支持的風土を学級のなかに作り出すことが必要となる。それは同時に，学級を先にあげた準拠集団に作り変えていくことにつながる。[10]

　私たちの日常の感覚から，進んで自分が防衛的風土に所属したいと願う人は，ほとんどいないだろう。多くの場合，自分が所属する集団であるがゆえに，防衛的風土であっても，仕方なくそこに所属しているに過ぎない。つまり，繰り返すが，学級が児童・生徒にとって所属したいと願う集団，すなわち，準拠集団になることが，学級づくりの最も大切なポイントである。そして，学級が子どもたちの準拠集団になることにより，一層支持的風土がもつ雰囲気がかもしだされる。それはまた，学級の支持的風土の雰囲気が高まることにより，さらに学級が児童・生徒にとっての準拠集団になっていくという，相互循環的な作用をもたらすことになる。

　先に述べたように，新しい学級に集まった児童・生徒にとって，当初その学級は，単なる所属集団に過ぎない。そして，その学級でさまざまな活動を経験していくうちに，学級や担任や級友に対する愛着が増し，準拠集団へと変容していく。しかし，その変容は自然発生的に起こることはほとんどない。したがって，その変容をいかに作りだしていくか，教師の指導性が問われることになる。そこで，次に学級の雰囲気を支持的なものにし，準拠集団に変容するための学級づくりの方法を考えてみよう。

2　学級づくりの方法

　学校がもつ官僚な性格から，学級集団はどうしても防衛的風土になりやすいといわれる。きまりや校則，それを児童・生徒に守らせることを要求されて

いる教師，縦のコミュニケーションによる効率のよい学級集団の運営。このような状況から，学級には統制や強制が生じやすく，それらが強調されることにより，防衛的風土が出現しやすいといえる。したがって，支持的風土の形成や，それにともなう所属集団から準拠集団への変容を生みだすためには，教師の明確な学級づくりの見通しが必要になる。以下に，片岡徳雄の所論を中心に，その方法を整理してみよう。

まず，学級集団の「構造づくり」がある。支持的風土にふさわしい学級の構造は，上下の統制関係が強い構造よりも，より柔軟な構造がよい。そのためには，次のような指導の原則を守らねばならない。

第一に，学級のきまりを柔軟にすること。

先に述べたように，規律の過度の強調は，統制や強制を生みやすい。したがって，教師が強制するきまりよりも，児童・生徒自身が話し合い，作りだしたきまりがよい。また，どうしてもこれだけはというきまりは，なるべく項目を少なく，児童・生徒が納得した上で決めるとよい。それらのきまりは，学級集団の成熟にともなって，どんどん変化していく。それが児童・生徒の自律をめざしたものになればなおよいだろう。

第二に，学級の人間関係を柔軟にすること。

学級の人間関係には，教師と児童・生徒，児童・生徒同士の2つの側面がある。後で詳しく述べるが，まず教師自身が統制や強制を強く打ちだす専制的な言動をとらないことが大切となる。児童・生徒同士の関係では，一部の者に勢力が集中しないように配慮することが大切となる。とりわけ，学級のリーダーを特定の児童・生徒に固定化せずに，流動性をもたせるようにする。たとえば，サブグループ（班）を編成した場合，一人の者を班長にし，あとは全員班員という形ではなく，それぞれの児童・生徒がグループのなかで何か役割をもつ「一人一役」が望ましい。そうすることにより，すべての児童・生徒に潜むリーダー性を育てることができる。また，授業場面でも，一部の児童・生徒だけが活躍するのではなく，発言（ことば）以外の参加の方法（動作や表現など）を考慮し，全員が参加できるよう配慮したい。

第三に，学級の組織を柔軟にすること。

先に述べた，教師―班長―成員といった上意下達的な組織は，児童・生徒相互の人間関係が固定化し，防衛的風土を生みだしやすい。ただし，サブグループの編成は，児童・生徒の相互理解を深めることや，協同や自主性の育成に効果がある。したがって，サブグループの編成を班長中心の編成ではなく，たとえば学級の仕事や活動を中心とした編成にしてみるなどの工夫が必要となる。そうした編成は，班長中心の編成に比べ，グループ内の横のコミュニケーションを生みだしやすく，また，それぞれの児童・生徒の活動を活発化させることから，仲間に認められ，仲間の役に立つ満足感を得やすいと考えられる。

次に，支持的風土を生みだし感じとる主人公，学級成員の「態度づくり」が重要となる。教師はそのための指導を積極的に行わねばならないが，その原則は，以下のように整理できる。

第一に，相手に対する思いやりの態度を育てること。

私たち大人の世界でも，ややもすれば多くの人々は自己中心の態度に終始しやすい。したがって，児童・生徒のなかに相手を思いやる気持ちを育成することは，とても大切なことである。相手の身になり，相手の立場に立ち，相手の考えをくみとることを，つねに心がけさせねばならない。そうすれば，授業中の間違いを笑ったり，ばかにしたりしないなど，授業や学級活動のなかの具体的な場面で，教師が意識することにより，指導のチャンスが多くめぐってくるに違いない。また，思いやりの心を育てるために，自分自身への内省を習慣化させることも大切であろう。

第二に，相手の多様性を認める態度を育てること。

相手の欠点を指摘し，それを糾弾する態度は，防衛的風土を形成しやすい。そうではなく，どの相手にも長所が必ずあり，それを認めあうという態度を育成したい。そのために，相手の考えや行動にどのような良いところがあるかをつねに探させるよう努めさせなければならない。また，「ありがとう」「ごめんね」「よかったね」「おいでよ」といった受容的・共感的な言葉が児童・生徒のなかに育つよう，配慮しなければならない。

以上，支持的な雰囲気をもった学級を創り出す，学級づくりの方法を述べて来た。ところで，こうした学級づくりの具体的な実践には，特別活動が重要な

役割を果たしている。次に，学級づくりと特別活動の関係について考えてみよう。

③ 学級づくりに生かす特別活動

1 特別活動の特質

　元来，学級経営と特別活動との間には，本質的な共通点がある。第一に，その「目的」が，主に児童・生徒の人格形成をめざしていることである。もちろん，学級経営には学力の育成という目的もあるが，それも，児童・生徒相互の，あるいは教師との人間関係のありようが重要となっている。第二に，その「手段」が，学級における集団活動を通してということに焦点化されていることである。すなわち，学級づくりにおいても，特別活動においても，「望ましい集団活動」の展開が，ある意味で最も重要な要素と考えられている。
　そうした望ましい集団活動の一例として，ある大学生のレポートを見てみよう。

　　「中学2年生の時の文化祭，私たちのクラスでは，プラネタリウムを作ることになった。骨組みを作ったり，ハンダでコードをつなげたりと，夜遅くまで作業が続いた。最初は，中心メンバーばかりでの作業だったが，少しずつ協力してくれる人が増えてきて，どんどん作業がはかどるようになった。
　　分担して作業を行っていたので，お互いの大変さや，進み具合がよくわからず，対立してしまうこともあった。けれど，そのことを通して『お互いにわかりあおう』とか『もっと話し合っていかなければだめだ』といった気持ちを持てるようになった。
　　協力して目標に向かっていくことの難しさや楽しさ，プラネタリウムが完成したときの充実感など，一生忘れられない思い出が出来た。そして，この文化祭を通して，クラスの団結が深まった。それは，また，私たちの無謀とも言える計画につき合ってくれ，励ましてくれた担任教師と私たちとの結びつきを残してくれた。」

このように，特別活動の行事を通して，学級の雰囲気やつながりがよくなったという体験は，多くの人がもっているに違いない。こうした成員相互の信頼関係のみなぎる，まとまった暖かい雰囲気を，支持的風土と呼ぶことは，すでに指摘した。

 特別活動，なかでも学級活動に期待されることは，望ましい集団活動のなかで，さまざまな教育的効果が児童・生徒にもたらされることである。そのなかには，「不安や悩みの解消」「望ましい人間関係の育成」も含まれている。しかし，先に示したような防衛的な学級風土からは，そうした教育的効果は望むべくもない。逆に，不安や悩みをその学級がつくりだすことにさえなってしまう。そこで，児童・生徒のグループ化とその対立や，一部の児童・生徒の孤立化を解消することは，学級づくりの課題として重要な意味をもつ。つまり，学級風土を，望ましい集団活動を展開しうる風土に変容させていくことに，特別活動の重要な役割の一つがあるといえよう。

 では，特別活動の実践がいかにして学級を支持的風土にするか。次にこの点について考えてみよう。

2　特別活動が学級をつくる

 支持的風土には，それを作りだすためにふさわしい活動がある。具体的な特別活動の指導の原則を考えてみよう。[12]

 第一に，創造的・表現的な活動を行うこと。

 たとえば，先に示したように文化祭の催しなどに学級ぐるみで挑戦し，その活動によって学級のまとまりが高まることがある。こうした創造的・表現的活動は，学級・サブグループの成員それぞれにさまざまな出番を与え，集団のなかにおける自分への満足感を高めやすい。また，活動のなかで，日常とは違う相互のコミュニケーションを得ることができ，お互いの信頼感を深めるといった効果があると考えられている。また，多くの場合，作品として完成する喜びを獲得することができる。こうした活動には，レリーフの製作，文集・新聞・アルバムの作成，学級歌づくり，スライド・ビデオ映画の製作などが考えられる。

第二に，相互の触れ合いを高める活動を行うこと。

創造的・表現的活動が結果として，成員相互の触れ合いを高めることは分かった。ここでは，さらに積極的に，成員相互が精神的に身体的に触れ合う場を設定したい。近年，人と人との関係が希薄になってきたと指摘されるが，学級のなかで児童・生徒相互の触れ合いを促進する体験学習を行いたい。信頼の目隠し歩き・宇宙遊泳といったグループエンカウンターや，ロールプレイング，集団討議などが考えられる。

第三に，楽しい雰囲気を作りだす活動を行うこと。

先に支持的風土とは，居心地がよい雰囲気だと指摘した。一般に，支持的風土の雰囲気は，楽しく，しっとりとした，張りのあるものだといわれている。ここでは，学級が準拠集団であるためにも，楽しい雰囲気に注目したい。楽しい雰囲気は，これまで述べてきたような活動によっても，もちろん醸成されていく。しかし，もっと直接的に児童・生徒が喜ぶゲームを学級活動の随所に取り入れることも効果があるだろう。

さて，このように，支持的風土を作るための，特別活動の原則について述べてきた。最後に，これらの実践の最も重要なポイントである，教師の姿勢について考えてみよう。

支持的風土づくりを進めている学級を見学しても，何となくぎこちなく，その雰囲気は防衛的であったりすることがある。そうした場合，最も注意しなければならないのは，教師自身の態度や言動が，支持的風土にふさわしいかということである。頭では理解していても，教師自身が支持的風土づくりにふさわしくない言動を示すなど，教師の指導に一貫性が見られない場合が多い。支持的風土を作りだすために，教師はどうすればよいのだろうか。

まず，大切なのは，支持的風土を作りだすにふさわしい成員としての態度（相手に対する思いやり，相手の多様性を認める）を教師自身が日常的に実践場面で示すことである。たとえば，児童・生徒のよいところを見つけだし，ほめる。失敗や間違いに対しては励まし，力づける。多様で形成的な評価を心がける。こうした教師の日常的な言動が，相互循環的に子どもたちの態度形成につながっていくことになる。「自分のできないことは児童・生徒に要求しない」

といった，まさに教師の実物教育が求められることになる。そうした上で，支持的風土を壊すような児童・生徒の言動には，厳しく対処することが必要となろう。

　また，支持的風土の成員には信頼しあう気持ちがみなぎっているといわれる。教師と児童・生徒の間にも，その信頼を基盤とした人間関係を築く必要がある。信頼の人間関係を築くためには，児童・生徒を一個の人格として認める謙虚さをもって相手と対等に向かい合うこと，相手への愛情と信頼を鮮明に示すこと，教育的ではあっても虚偽の言動を慎むことが必要である。とはいえ，「言うは易し，行うは難し」である。支持的風土の育成に求められる，以上のような態度を何よりも教師自身が内面化し，自分自身のものにしていく努力こそが最も大切なポイントになるといえよう。

引用・参考文献
(1) 志村廣明『学級経営の歴史』三省堂，1994年。
(2) 滝充『「いじめ」を育てる学級特性』明治図書出版，1996年。
(3) 竹川郁雄『いじめと不登校の社会学』法律文化社，1993年。
(4) 岡東壽隆他編『学校経営重要用語300の基礎知識』明治図書出版，2000年。
(5) 細谷俊夫他編『新教育大事典』第一法規出版，1990年。
(6) 髙旗正人編『学級経営重要用語300の基礎知識』明治図書出版，2000年。
(7) 児島邦宏『学校と学級の間――学級経営の創造』ぎょうせい，1990年。
(8) 片岡徳雄『学習集団の構造』黎明書房，1979年。
(9) 岡田弘編『エンカウンターで学級が変わる　小学校編』図書文化，1996年。
(10) 片岡徳雄『特別活動論』福村出版，1990年。
(11) 片岡徳雄編著『全員参加の学級づくりハンドブック』黎明書房，1981年。
(12) 同上書。

推薦図書
(1) 片岡徳雄『集団主義教育の批判』黎明書房，1975年。
(2) 髙旗正人編著『教育実践の測定研究――授業づくり・学級づくりの評価』東洋館出版社，1999年。
(3) 近藤邦夫『教師と子どもの関係づくり』東京大学出版会，1994年。

（太田佳光）

資料編

小学校学習指導要領
中学校学習指導要領
高等学校学習指導要領

小学校学習指導要領

第4章　特別活動

第1　目標
望ましい集団活動を通して，心身の調和のとれた発達と個性の伸長を図るとともに，集団の一員としての自覚を深め，協力してよりよい生活を築こうとする自主的，実践的な態度を育てる。

第2　内容
A　学級活動
学級活動においては，学級を単位として，学級や学校の生活の充実と向上を図り，健全な生活態度の育成に資する活動を行うこと。
(1) 学級や学校の生活の充実と向上に関すること。
　学級や学校における生活上の諸問題の解決，学級内の組織づくりや仕事の分担処理など
(2) 日常の生活や学習への適応及び健康や安全に関すること。
　希望や目標をもって生きる態度の形成，基本的な生活習慣の形成，望ましい人間関係の育成，学校図書館の利用，心身ともに健康で安全な生活態度の形成，学校給食と望ましい食習慣の形成など

B　児童会活動
児童会活動においては，学校の全児童をもって組織する児童会において，学校生活の充実と向上のために諸問題を話し合い，協力してその解決を図る活動を行うこと。

C　クラブ活動
クラブ活動においては，学年や学級の所属を離れ，主として第4学年以上の同好の児童をもって組織するクラブにおいて，共通の興味・関心を追求する活動を行うこと。

D　学校行事
学校行事においては，全校又は学年を単位として，学校生活に秩序と変化を与え，集団への所属感を深め，学校生活の充実と発展に資する体験的な活動を行うこと。
(1) 儀式的行事
　学校生活に有意義な変化や折り目を付け，厳粛で清新な気分を味わい，新しい生活の展開への動機付けとなるような活動を行うこと。
(2) 学芸的行事
　平素の学習活動の成果を総合的に生かし，その向上の意欲を一層高めるような活動を行うこと。
(3) 健康安全・体育的行事
　心身の健全な発達や健康の保持増進などについての関心を高め，安全な行動や規律ある集団行動の体得，運動に親しむ態度の育成，責任感や連帯感の涵養，体力の向上などに資するような活動を行うこと。
(4) 遠足・集団宿泊的行事
　平素と異なる生活環境にあって，見聞を広め，自然や文化などに親しむとともに，集団生活の在り方や公衆道徳などについての望ましい体験を積むことができるような活動を行うこと。
(5) 勤労生産・奉仕的行事
　勤労の尊さや生産の喜びを体得するとともに，ボランティア活動など社会奉仕の精神を涵養する体験が得られるような活動を行うこと。

第3　指導計画の作成と内容の取扱い
1　指導計画の作成に当たっては，次の事項に配慮するものとする。
(1) 学校の創意工夫を生かすとともに，学校の実態や児童の発達段階などを考慮し，児童による自主的，実践的な活動が助長されるようにすること。また，家庭や地域の人々との連携，社会教育施設等の活用などを工夫すること。
(2) 学級活動などにおいて，児童が自ら現在及び将来の生き方を考えることができるよう工夫すること。
(3) クラブ活動については，学校や地域の実態等を考慮しつつ児童の興味・関心を踏まえて計画し実施できるようにすること。
2　第2の内容の取扱いについては，次の事項に配慮するものとする。
(1) 学級活動，児童会活動及びクラブ活動の指導については，指導内容の特質に応じて，教師の適切な指導の下に，児童の自発的，自治的な活動が効果的に展開されるようにするとともに，内容相互の関連を図るよう工夫すること。
(2) 学級活動については，学校や児童の実

態に応じて取り上げる指導内容の重点化を図るようにすること。また，生徒指導との関連を図るようにすること。
(3) 児童会活動の運営は，主として高学年の児童が行うこと。
(4) 学校行事については，学校や地域及び児童の実態に応じて，各種類ごとに，行事及びその内容を重点化するとともに，行事間の関連や統合を図るなど精選して実施すること。また，実施に当たっては，幼児，高齢者，障害のある人々などとの触れ合い，自然体験や社会体験などを充実するよう工夫すること。
3　入学式や卒業式などにおいては，その意義を踏まえ，国旗を掲揚するとともに，国歌を斉唱するよう指導するものとする。

中学校学習指導要領

第4章　特別活動
第1　目　標
　望ましい集団活動を通して，心身の調和のとれた発達と個性の伸長を図り，集団や社会の一員としてよりよい生活を築こうとする自主的，実践的な態度を育てるとともに，人間としての生き方についての自覚を深め，自己を生かす能力を養う。

第2　内　容
　A　学級活動
　学級活動においては，学級を単位として，学級や学校の生活への適応を図るとともに，その充実と向上，生徒が当面する諸課題への対応及び健全な生活態度の育成に資する活動を行うこと。
(1) 学級や学校の生活の充実と向上に関すること。
　学級や学校における生活上の諸問題の解決，学級内の組織づくりや仕事の分担処理，学校における多様な集団の生活の向上など
(2) 個人及び社会の一員としての在り方，健康や安全に関すること。
　ア　青年期の不安や悩みとその解決，自己及び他者の個性の理解と尊重，社会の一員としての自覚と責任，男女相互の理解と協力，望ましい人間関係の確立，ボランティア活動

の意義の理解など
　イ　心身ともに健康で安全な生活態度や習慣の形成，性的な発達への適応，学校給食と望ましい食習慣の形成など
(3) 学業生活の充実，将来の生き方と進路の適切な選択に関すること。
　学ぶことの意義の理解，自主的な学習態度の形成と学校図書館の利用，選択教科等の適切な選択，進路適性の吟味と進路情報の活用，望ましい職業観・勤労観の形成，主体的な進路の選択と将来設計など
　B　生徒会活動
　生徒会活動においては，学校の全生徒をもって組織する生徒会において，学校生活の充実や改善向上を図る活動，生徒の諸活動についての連絡調整に関する活動，学校行事への協力に関する活動，ボランティア活動などを行うこと。
　C　学校行事
　学校行事においては，全校又は学年を単位として，学校生活に秩序と変化を与え，集団への所属感を深め，学校生活の充実と発展に資する体験的な活動を行うこと。
(1) 儀式的行事
　学校生活に有意義な変化や折り目を付け，厳粛で清新な気分を味わい，新しい生活の展開への動機付けとなるような活動を行うこと。
(2) 学芸的行事
　平素の学習活動の成果を総合的に生かし，その向上の意欲を一層高めるような活動を行うこと。
(3) 健康安全・体育的行事
　心身の健全な発達や健康の保持増進などについての理解を深め，安全な行動や規律ある集団行動の体得，運動に親しむ態度の育成，責任感や連帯感の涵養，体力の向上などに資するような活動を行うこと。
(4) 旅行・集団宿泊的行事
　平素と異なる生活環境にあって，見聞を広め，自然や文化などに親しむとともに，集団生活の在り方や公衆道徳などについての望ましい体験を積むことができるような活動を行うこと。
(5) 勤労生産・奉仕的行事
　勤労の尊さや創造することの喜びを体得し，職業や進路にかかわる啓発的な体験が得られ

るようにするとともに，ボランティア活動など社会奉仕の精神を養う体験が得られるような活動を行うこと。

第3 指導計画の作成と内容の取扱い
1 指導計画の作成に当たっては，次の事項に配慮するものとする。
 (1) 学校の創意工夫を生かすとともに，学校の実態や生徒の発達段階などを考慮し，教師の適切な指導の下に，生徒による自主的，実践的な活動が助長されるようにすること。また，家庭や地域の人々との連携，社会教育施設等の活用などを工夫すること。
 (2) 生徒指導の機能を十分に生かすとともに，教育相談（進路相談を含む。）についても，生徒の家庭との連絡を密にし，適切に実施できるようにすること。
 (3) 学校生活への適応や人間関係の形成，選択教科や進路の選択などの指導に当たっては，ガイダンスの機能を充実するよう学級活動等の指導を工夫すること。
2 第2の内容の取扱いについては，次の事項に配慮するものとする。
 (1) 学級活動については，学校や生徒の実態に応じて取り上げる指導内容の重点化を図るようにすること。また，個々の生徒についての理解を深め，信頼関係を基礎に指導を行うとともに，指導内容の特質に応じて，教師の適切な指導の下に，生徒の自発的，自治的な活動が助長されるようにすること。
 (2) 生徒会活動については，教師の適切な指導の下に，生徒の自発的，自治的な活動が展開されるようにすること。
 (3) 学校行事については，学校や地域及び生徒の実態に応じて，各種類ごとに，行事及びその内容を重点化するとともに，行事間の関連や統合を図るなど精選して実施すること。また，実施に当たっては，幼児，高齢者，障害のある人々などとの触れ合い，自然体験や社会体験などを充実するよう工夫すること。
3 入学式や卒業式などにおいては，その意義を踏まえ，国旗を掲揚するとともに，国歌を斉唱するよう指導するものとする。

高等学校学習指導要領

第4章 特別活動
第1 目標
 望ましい集団活動を通して，心身の調和のとれた発達と個性の伸長を図り，集団や社会の一員としてよりよい生活を築こうとする自主的，実践的な態度を育てるとともに，人間としての在り方生き方についての自覚を深め，自己を生かす能力を養う。
第2 内容
 A ホームルーム活動
 ホームルーム活動においては，学校における生徒の基礎的な生活集団として編成したホームルームを単位として，ホームルームや学校の生活への適応を図るとともに，その充実と向上，生徒が当面する諸課題への対応及び健全な生活態度の育成に資する活動を行うこと。
 (1) ホームルームや学校の生活の充実と向上に関すること。
 ホームルームや学校における生活上の諸問題の解決，ホームルーム内の組織づくりと自主的な活動，学校における多様な集団の生活の向上など
 (2) 個人及び社会の一員としての在り方生き方，健康や安全に関すること。
 ア 青年期の悩みや課題とその解決，自己及び他者の個性の理解と尊重，社会生活における役割の自覚と自己責任，男女相互の理解と協力，コミュニケーション能力の育成と人間関係の確立，ボランティア活動の意義の理解，国際理解と国際交流など
 イ 心身の健康と健全な生活態度や習慣の確立，生命の尊重と安全な生活態度や習慣の確立など
 (3) 学業生活の充実，将来の生き方と進路の適切な選択決定に関すること。
 学ぶことの意義の理解，主体的な学習態度の確立と学校図書館の利用，教科・科目の適切な選択，進路適性の理解と進路情報の活用，望ましい職業観・勤労観の確立，主体的な進路の選択決定と将来設計など
 B 生徒会活動

生徒会活動においては，学校の全生徒をもって組織する生徒会において，学校生活の充実や改善向上を図る活動，生徒の諸活動についての連絡調整に関する活動，学校行事への協力に関する活動，ボランティア活動などを行うこと。
　C　学校行事
　学校行事においては，全校若しくは学年又はそれらに準ずる集団を単位として，学校生活に秩序と変化を与え，集団への所属感を深め，学校生活の充実と発展に資する体験的な活動を行うこと。
　(1) 儀式的行事
　学校生活に有意義な変化や折り目を付け，厳粛で清新な気分を味わい，新しい生活の展開への動機付けとなるような活動を行うこと。
　(2) 学芸的行事
　平素の学習活動の成果を総合的に生かし，その向上の意欲を一層高めるような活動を行うこと。
　(3) 健康安全・体育的行事
　心身の健全な発達や健康の保持増進などについての理解を深め，安全な行動や規律ある集団行動の体得，運動に親しむ態度の育成，責任感や連帯感の涵（かん）養，体力の向上などに資するような活動を行うこと。
　(4) 旅行・集団宿泊的行事
　平素と異なる生活環境にあって，見聞を広め，自然や文化などに親しむとともに，集団生活の在り方や公衆道徳などについての望ましい体験を積むことができるような活動を行うこと。
　(5) 勤労生産・奉仕的行事
　勤労の尊さや創造することの喜びを体得し，職業観の形成や進路の選択決定などに資する体験が得られるようにするとともに，ボランティア活動など社会奉仕の精神を養う体験が得られるような活動を行うこと。
第3　指導計画の作成と内容の取扱い
1　指導計画の作成に当たっては，次の事項に配慮するものとする。
　(1) 学校の創意工夫を生かすとともに，学校の実態や生徒の発達段階及び特性等を考慮し，教師の適切な指導の下に，生徒による自主的，実践的な活動が助長されるようにすること。その際，ボランティア活動や，就業体験など勤労にかかわる体験的な活動の機会をできるだけ取り入れるとともに，家庭や地域の人々との連携，社会教育施設等の活用などを工夫すること。
　(2) 生徒指導の機能を十分に生かすとともに，教育相談（進路相談を含む。）についても，生徒の家庭との連絡を密にし，適切に実施できるようにすること。
　(3) 学校生活への適応や人間関係の形成，教科・科目や進路の選択などの指導に当たっては，ガイダンスの機能を充実するようホームルーム活動等の指導を工夫すること。
　(4) 人間としての在り方生き方の指導がホームルーム活動を中心として，特別活動の全体を通じて行われるようにすること。その際，他の教科，特に公民科との関連を図ること。
2　内容の取扱いについては，次の事項に配慮するものとする。
　(1) ホームルーム活動については，学校や生徒の実態に応じて取り上げる指導内容の重点化を図るようにすること。また，個々の生徒についての理解を深め，信頼関係を基礎に指導を行うとともに，指導内容の特質に応じて，教師の適切な指導の下に，生徒の自発的，自治的な活動が助長されるようにすること。
　(2) 生徒会活動については，教師の適切な指導の下に，生徒の自発的，自治的な活動が展開されるようにすること。
　(3) 学校行事については，学校や地域及び生徒の実態に応じて，各種類ごとに，行事及びその内容を重点化するとともに，行事間の関連や統合を図るなど精選して実施すること。また，実施に当たっては，幼児，高齢者，障害のある人々などとの触れ合い，自然体験や社会体験などを充実するよう工夫すること。
　(4) 特別活動の一環として学校給食を実施する場合には，適切な指導を行うこと。
3　入学式や卒業式などにおいては，その意義を踏まえ，国旗を掲揚するとともに，国歌を斉唱するよう指導するものとする。
4　ホームルーム活動については，主としてホームルームごとにホームルーム担任の教師が指導することを原則とし，活動の内容によっては他の教師などの協力を得ることとする。

索　引
（＊は人名）

あ　行

空き教室　53
＊アンダーソン（Anderson, L. W.）　74
委員会活動　99, 102
生き方指導　163
生きる力　60, 61, 134
維持機能　23
いじめ　180
依存から独立へ　162
異年齢集団　5, 97
──活動　119
インフォーマル・リーダー　25
＊ヴァンダイク（Van Dyke, L. A.）　74
運動会　49, 76, 116
＊エチオーニ（Etzioni, A.）　20
遠足　76, 118
遠足・集団宿泊行事　111, 118
オフィサー　24

か　行

ガイダンス機能の充実　68, 69, 154
課外活動（教科外活動）　72
──のカリキュラム　73
係の編成方法　94
学芸会　76, 114
学芸的行事　111, 114
学社融合　12, 53, 54
学社連携　12, 53
学習指導要領　30, 47
学習態度の形成　164
学習発表会　114
学徒の勤労動員　160
課題解決能力　144
課題設定づくりの活動　148
課題達成機能　36
価値ある体験　144

学級王国　183
学級活動　49, 127, 171
学級活動の活動内容　86
学級活動の実践化の流れ　87
学級活動の指導計画　90
学級活動の特質　85
学級活動のねらい　86
学級経営　14
学級集会の活動の種類　95
学級集会の活動の特質　94
学級崩壊　181
学校行事　80, 130, 171
学校行事における体験的学習　42
学校行事の位置づけ　172
学校週五日制　106
学校の個性化　166
学校文化　166, 171
活動計画　108
活動内容（2）の特質　95
感動体験　11
儀式的行事　49, 111, 112
議題箱　103
＊ギッブ（Gibb, C. A.）　26
規範的組織　21, 22
キャリア・ガイダンス　154
キャリア・カウンセリング　154
キャリア教室　154
教育カウンセリング　158
教育課程化の歩み　159
教育課程の弾力的運用　3
教育勅語　77
教育病理　2
教科　46
教科以外の活動　80
教師の選択決定　163
教授者　45
強制的組織　21

197

興味や関心　105
勤労生産・奉仕的行事　67, 111, 120
屈辱体験　5
クラブ活動　49, 97, 129
クラブ活動の廃止　105
グループエンカウンター　189
グループ活動　106
計画委員会　89, 103
計画委員会の活動内容　89
計画委員会の組織　89
健康・体力問題　150
健康安全・体育的行事　111, 116
現在および将来の生き方　69, 164
功利的組織　21
心の居場所　168, 171, 178
個性の伸長　2, 125
子ども会活動　55
子ども文化　8

さ　行

再生産的思考　39, 40
＊坂本昇一　158
挫折体験　5
サブグループ　185
飼育栽培活動　120
支援　179
ジェンダーの視点　14
自我の目覚め　162
自己実現　17, 155
自己実現体験　5
自己指導能力　157
自己探索の道　162
自己の生き方を考える　151
支持的風土（supportive climate）　35, 184
自主的・実践的態度　98, 126
自然体験　119
実践的な態度　145
失敗体験　5
児童会　49
児童会・生徒会活動　97, 129
児童会コーナー　104
児童集会活動　102

児童集団活動　99
自発的，自治的な活動　60, 66, 145, 151
社会教育　44, 53
社会教育施設　53, 177
　　　――等の活用の工夫　172
社会貢献活動　13
社会性　2, 126
社会的役割　155
修学旅行　49, 51, 118
自由研究　78
自由時間（余暇）のための教育　13
充実体験　5
収束的思考　40
集団維持機能　28, 36
集団活動
　　課題解決型の――　41
　　創造的な――　41
　　方法としての――　33
集団活動の意義　33
集団形成機能　28, 36
集団宿泊　118
集団づくり　169
集団宿泊の行事　49
集団の働き　36
収斂的思考　40
授業時数　108
手段的活動　17
準拠集団　184
生涯学習体系　54
小集団（班）の編成　37
小集団内での係や分担　37
象徴的機能　169
＊ジョーンズ（Jones, G.）　74
職業・家庭科　160
職業観・勤労観　164
職業指導　159
職業紹介法　159
所属感　170, 171
自律　179
進学可能な学校の選択　163
進学したい学校の選択　163
新学習指導要領　4, 66, 67, 70

索引

心身の調和のとれた発達　125
進路指導の意義　155
進路指導の発達区分　158
進路情報　164
進路適性　164
進路発達　155
スクールアイデンティティ　166
スポーツ少年団　55
生活や学習への適応　165
成功体験　5
生産的思考　39
清掃活動　120
生徒会活動　49
生徒指導（ガイダンス）　81
生徒指導の意義　155
生徒指導の発達区分　158
生徒総会　102
生徒の選択決定　163
生徒評議会　101
生徒役員会　104
性別役割分業　14
選択教科　164
総合的な学習の時間　18, 46, 48, 53, 68, 106,
　　141, 168, 174
相互教育　45
組織（organization）　19
卒業式　113
卒業生活の充実　164
「そろえ」の教育　7

――――――――――　た　行　――――――――――

体験学習　142
体験的活動　42, 142
体験発表会　149
代表委員会活動　99, 102
他律から自律へ　162
男女協同参画の推進　14
団体行動　51
弾力的な運用　152
地域に開かれた学校　12
地域の人材や関係機関等との連携　146
地域連携　70, 171, 172, 174, 176

地域融合　70
朝会　113
調整者　46
創り出す感動　11
提案理由　103
同一化（identification）　20
統一美　7
道徳　46
道徳的価値の自覚　129
道徳的実践力　47, 132
道徳的体験や実践　132
道徳的態度　47
当番活動と係の活動　93
同僚性　177
　教師間の――　177
特色ある学校づくり　167, 176
特色ある教育活動　143
特別活動の教育的意義　6, 141
特別活動の内容（学習指導要領）　18, 30
　高等学校の――　32
　中学校の――　31
　小学校の――　31
特別活動の目標（学習指導要領）　18, 140
特別教育活動　78

――――――――――　な　行　――――――――――

仲間集団　49
入学式　113
人間関係づくり　23
人間としての生き方の自覚　99, 127
望ましい集団活動　34, 125, 187
望ましい人間関係　98, 165

――――――――――　は　行　――――――――――

発散的思考　39
話合い活動　171
「話合いの活動」特質　88
話合いの技術や方法　39
話合い活動の議題例　92
話合い活動の指導計画　92
話合い活動の指導のめやす　91
反省的思考　10

199

PM 理論　27
PTA　54
美化活動　120
一人一役　37, 38, 62
避難訓練　116
フォーマル・リーダー　24
部活動　104
福祉施設との交流活動　120
＊フレッチウェル（Fretwell, E. K.）　74
＊ベイルス（Bales, R. F.）　27
防衛的風土（defensive climate）　35, 183
方法原理　3
ホーム・ルーム　160
＊ホマンズ（Homans, G. C.）　23
ボランティア活動　97
ボランティアの報酬　13

ま　行

＊増田幸一　158
＊三隅二不二　27
魅力ある学校づくり　166
民主的なリーダーシップ　101

模倣（imitation）　19
問題解決学習　9
問題行動　100

や　行

野外合宿活動　50
役割意識　37
役割の輪番制　39
役割分担　98
豊かな体験活動　133
ゆとりの時間　82
容認　179

ら・わ行

リーダーシップ（leadership）　24, 37, 38
リーダーとヘッド　26
＊レヴィン（Lewin, K.）　27
連帯性　7, 65
連帯性の育成　7
われわれ感情　177
活動内容（2）の改訂　95
活動内容（2）の活動過程　96

執筆者紹介 (執筆順)

相原次男（山口県立大学国際文化学部，編者，第1章）
髙旗正人（中国短期大学，岡山大学名誉教授，第2章）
南本長穂（関西学院大学教職教育研究センター，第3章）
住岡英毅（大阪青山大学健康科学部，第4章）
新富康央（國學院大學人間開発学部，編者，第5章）
髙旗浩志（島根大学教育学部附属教育臨床総合研究センター，第6章）
稲垣孝章（埼玉県東松山市教育委員会，第7章）
有村久春（岐阜大学教育学部，第8章）
森　徹（横浜市立末吉小学校校長，第9章）
押谷由夫（昭和女子大学，第10章）
宮川八岐（日本体育大学体育学部，第11章）
内藤勇次（神戸女子大学名誉教授，第12章）
白松賢（愛媛大学教育学部，第13章）
太田佳光（愛媛大学教育学部，第14章）

MINERVA 教職講座⑧
個性をひらく特別活動

| 2001年5月25日 | 初版第1刷発行 | 検印廃止 |
| 2009年3月30日 | 初版第9刷発行 | |

定価はカバーに
表示しています

編 者	相 原 次 男
	新 富 康 央
発行者	杉 田 啓 三
印刷者	坂 本 喜 杏

発行所 株式会社 ミネルヴァ書房
607-8494 京都市山科区日ノ岡堤谷町1
電話代表 (075)581-5191番
振替口座 01020-0-8076番

©相原, 新富ほか, 2001　冨山房インターナショナル・新生製本

ISBN 978-4-623-03443-7
Printed in Japan

MINERVA 教職講座

全17巻

（A5判・並製・各巻平均220頁）

① 新しい教育の基礎理論 　　　　　　　　　　　山﨑英則・浜田栄夫 編著
② 日本の教育の歴史と思想 　　　　　　　　　　寄田啓夫・山中芳和 編著
③ 西洋の教育の歴史と思想 　　　　　　　　　　山﨑英則・德本達夫 編著
④ 教育の方法――明日の学びを演出する 　　　　山下政俊・湯浅恭正 編著
⑤ 教育の経営と制度 　　　　　　　　　　　　　田代直人・森川 泉・杉山 緑 編著
⑥ 学びの創造と学校の再生 　　　　　　　　　　片上宗二・田中耕治 編著
　　――教科の指導と学習の指導
⑦ 道徳と心の教育 　　　　　　　　　　　　　　山﨑英則・西村正登 編著
⑧ 個性をひらく特別活動 　　　　　　　　　　　相原次男・新富康央 編著
⑨ 生徒指導・進路指導 　　　　　　　　　　　　高橋超・石井眞治・熊谷信順 編著
⑩ 学校教育相談 　　　　　　　　　　　　　　　一丸藤太郎・菅野信夫 編著
⑪ 新しい学びをひらく総合学習 　　　　　　　　片上宗二・木原俊行 編著
⑫ 幼児期の尊さと教育 　　　　　　　　　　　　田中亨胤・中島紀子 編著
⑬ 障害児教育 　　　　　　　　　　　　　　　　井谷善則・今塩屋隼男 編著
⑭ 求められる教師像と教員養成――教職原論 　　山﨑英則・西村正登 編著
⑮ 教育実習の新たな展開 　　　　　　　　　　　有吉英樹・長澤憲保 編著
⑯ 高等教育概論――大学の基礎を学ぶ 　　　　　有本 章・羽田貴史・山野井敦徳 編著
⑰ 生涯学習社会 　　　　　　　　　　　　　　　讚岐幸治・住岡英毅 編著

―― ミネルヴァ書房 ――
http://www.minervashobo.co.jp/